非物質文化遺產在香港

▶ 主編 ◀

高寶齡　區志堅　陳財喜

伍婉婷　司徒毅敏

中華書局　　　　　　策劃：

□ 責任編輯：吳黎純
□ 裝幀設計：陳佩珍
□ 排　版：沈崇熙
□ 印　務：劉漢舉

策劃：文化力量

主編：高實齡　區志堅　陳財喜　任婉婷　司徒毅敏

出版

中華書局（香港）有限公司

香港北角英皇道四九九號北角工業大廈一樓 B

電話：（852）2137 2338

傳真：（852）2713 8202

電子郵件：info@chunghwabook.com.hk

網址：http://www.chunghwabook.com.hk

發行

香港聯合書刊物流有限公司

香港新界荃灣德士古道 220-248 號

荃灣工業中心 16 樓

電話：（852）2150 2100

傳真：（852）2407 3062

電子郵件：info@suplogistics.com.hk

印刷

中華商務彩色印刷有限公司

香港大埔汀麗路 36 號

中華商務印刷大廈

版次

2019 年 3 月初版

2023 年 3 月第二次印刷

© 2019 2023 中華書局（香港）有限公司

規格

16 開（210mm×170mm）

ISBN

978-988-8512-54-6

序

每個非遺項目背後都有一個故事

粵劇、涼茶於 2006 年被列入第一批國家級非物質文化遺產代表性項目名錄；2011 年長洲太平清醮、大澳端午龍舟遊涌、香港潮人盂蘭勝會、大坑舞火龍成功列入第三批國家級非物質文化遺產代表性項目名錄；2014 年更有全真道堂科儀音樂、古琴藝術（斲琴技藝）、西貢坑口客家舞麒麟、黃大仙信俗被列入第四批國家級非物質文化遺產代表性項目名錄。2017 年 8 月香港政府公佈香港非物質文化遺產代表作名錄，當中把以上的國家級非物質文化遺產列入，同時加上南音、宗族春秋二祭、香港天后誕、薄扶林舞火龍、食盆、正一道教儀式傳統、紮作技藝、戲棚搭建技藝、香港中式長衫和裙褂製作技藝、港式奶茶製作技藝，代表作名錄合共二十個項目。

每一個非物質文化遺產項目背後均有一個故事，並蘊含着中華文化的精粹和特色。例如香港潮人盂蘭勝會，即蘊含中華優良傳統之孝道（目蓮救母）及大愛精神（進行佈施）等的故事，蘊藏着傳統中華文化的價值。又如港式奶茶製作技藝，包含調配茶葉、煲茶、撞茶、焗茶、撞奶等步驟，才能炮製出美味的「絲襪奶茶」；這技藝不但反映出中西飲食文化在香港的交融與發展，更展現出港式奶茶在大排檔、冰室、茶餐廳的轉變和「沖出」香港的故事。古琴藝術（斲琴技藝）則是一種集木工、漆藝、書法、音樂的傳統藝術，琴器本身就是精緻的藝術品，它並不只是一件樂器，更是古人的一種生活品味的體現。這其實亦是集體回憶的過程，是一個學習和認識中華文化和本土文化的過程。

非物質文化遺產的保護原則是「保護為主、搶救第一、合理利用、傳承發展」，而這些工作都是需要財政資源的，特區政府應該在推廣發展方向投入更多更大的資源，發揮民間力量，推動官商民協作，讓香港在保護、傳承及發展非物質文化遺產方面可以做得更全面。

2019 年 2 月 14 日
蔡毅（第十二屆全國人大香港區代表）

前言

　　2003 年聯合國教育、科學及文化組織通過的《保護非物質文化遺產公約》，2006 年 4 月正式生效。根據教科文組織定義：文化遺產是過去人類所創造，由現代人類繼承並傳之後世，具獨特和普世價值的非物質遺產，是無可取代的生活及靈感來源，能為社區和群體提供凝聚力和持續感。這是一項關於非物質文化遺產保護的重要國際公約，鼓勵各國確認、保護和保存具有獨特及重要價值的文化遺產。

　　五千多年的中華文明，蘊含極其豐富而又多采的非物質文化傳統和遺產。因此，中國政府於 2004 年加入公約，成為第六個締約國。粵港澳三地政府則早於 2003 年已開始籌劃向聯合國申請「粵劇」為世界文化遺產，香港特別行政區政府於 2004 年 12 月正式確認公約適用於香港，由民政事務局負責制定相關的保護政策，康樂及文化事務署於 2006 年設立「非物質文化遺產組」（2015 年 5 月升格為非物質文化遺產辦事處，以下簡稱為「非遺辦事處」）負責執行有關事務。2008 年成立「非物質文化遺產諮詢委員會」，2014 年公佈香港首份涵蓋四百八十個本地項目的非遺清單，2017年則公佈首個「香港非物質文化遺產代表作名錄」。

　　「文化力量」認為非物質文化遺產能反映到一個國家、一個民族和地區的根和魂。因此，非遺的保護工作十分重要，而且保護非遺的過程，也是集體回憶的過程，是一種社會資本，有助於增強和提升社會的凝聚力。在深化「確認、立檔、研究、保存、推廣和傳承」的過程中，政府和民間都要發揮各自的不同角色和優勢，鼓勵社會參與，令香港的文化傳統得到保護、延續和發展。因此，我們建議：

　　1）國家級非物質文化遺產的保護原則是「保護為主、搶救第一、合理利用、傳承發展」，而這些工作均需要財政資源，本會認為政府應該在人手及推廣發展方向投入較多較大的資源，讓香港在保護、利用及傳承發展非遺方面可以更深入和更廣泛地得到落實。政府必須要提升非物質文化遺產

的地位和層次，提升加強保護非遺在深化、推廣和傳承等方面的工作。

　　2）設立「傳承人」是落實《公約》（第三章）訂下的要求，是其中一個比較有效的模式。現時香港在推動「傳承人」方面，是以該項目的持份者能否建立「傳承人」共識作為基準。建議政府可參與或推動制訂有關標準和制度，及早確立非物質文化遺產項目代表性「傳承人」的準則。藉此有計劃地提供資助，鼓勵和支持其開展傳習活動，確保優秀非物質文化遺產的傳承。此外，「傳承人」並不是單指一個人，其概念之下，可以是多個人或是一個組織等，而當局應按香港本身的實際情況對「傳承人」制定合適的安排。

　　3）承托非遺項目的載體，對非遺項目的傳承和發展影響甚大。政府的「非遺辦事處」應與這些承托非遺項目的載體緊密溝通和協作，才能鼓勵和推動更多民間力量投入非遺的保護行列中。

　　4）政府現時雖把「非遺」知識列入中小學的教科書，仍希望教育局更多加入「非遺」文化的學習章節，使香港學生認識，也為老師提供與介紹非遺有關的教學工具。政府也應投放更多資源，支援中小學開展與「非遺」文化相關的活動及教學，甚至把更多的「非遺」項目列入中小學的課程內容，與歷史和社會科的知識相結合，採用生動、活潑、有趣的方式教授給學生。

　　5）建議政府設立「非物質文化遺產」博物館。目前三棟屋博物館設立的「香港非物質文化遺產中心」由於面積較細，不能同時詳列二十個非物質文化遺產項目的內容。為此，我們認為應另設博物館以作為「非遺」項目的傳習所、培訓基地、推廣中心及工作室等，進一步向公眾推廣非遺文化。同時建議文化博物館或西九文化區可考慮設立「非遺」相關的專題項目的展廳，作常設之用。

6）要做好深化、推廣和傳承等方面的工作，建議政府各部門加強協作，如教育局可把「非遺」列入課程內容，旅發局可推動文化旅遊等；並可更多加強與社區（包括社區團體、地方文化組織及區議會等）協作，把「非遺」項目推廣到社區。

7）政府可以設立「非遺文化日」，每年舉辦「非遺文化節」，以節慶形式來推廣及發展「非遺」文化及相關的深度文化旅遊項目。

8）透過旅遊發展局以「非遺」項目吸引遊客到香港參觀。至今最多遊客參加的活動是長洲太平清醮，其中最吸引的環節是「搶包山」，每年都吸引大量遊客到訪長洲。

9）建議政府設立專為推廣及保存「非物質文化遺產」工作的專項撥款。

因此，本書編刊目的，主要是蒐集及保存文獻，並且希望把與非物質文化遺產的知識傳往香港的高等院校及中學師生，希望藉本書出版使更多學生明白及了解保育香港非物質文化遺產的重要，就是實踐了把香港的非物質文化知識一代一代傳播下去。

為此，「文化力量」舉辦了一系列「非物質文化遺產在香港」活動，透過訪問、交流和出版，拋磚引玉地介紹二十個非遺項目。並由項目的倡議人、傳承人、學者、議員、社團領袖、學生等持份者攜手協作，以提升對文化保育和承傳的意識，增強社會的凝聚力。讓「活着的人類財富」把自己掌握的文化、知識和技巧傳授給年輕的一代，並世代相傳。

在蒐集及保存文獻資料方面，本書編輯委員會先與保存香港非物質文化遺產的人士進行口述訪問，並與文獻互相引立，整理成相關文稿，這些口述訪問甚為珍貴，並有待後人在此基礎上進一步研究；而在傳播香港非物質文化遺產知識方面，委員會尤安排中學生及高等院校學生進行口述訪

問及帶領學生參觀，使學生親身體驗及以生活引證在香港保育「非物質文化」的重要，更安排參與計劃的學生與政府官員、研究學者等人會面，使學生從多元視域，思考政府、研究人員、從事保育「非物質文化」人士在保存文化傳承的角色，先藉學生參與計劃，再藉學生反思保育文化的課題，從學生撰寫報告、交流及參與分享會中，更見同學們的創意思維及提供不少有助保育非物質文化遺產的建議，這種師生互動及反思的「學與教」模式，更有助同學了解香港歷史文化及保育知識的重要，我們希望這種政府官員、師生及研究人員交流的模式，得以進一步開拓，配合課程發展，有助知識傳播。

　　最後本書能成功出版有賴各編輯委員會委員通力合作，先感謝所有被訪者及安排訪問的機構，也感謝林國成、凌俊賢、朱梓軒、徐振邦、黃少藍、姜嘉榮、彭家強、莫玉玲、馬化彤等老師在百忙中統籌及協助學生參加是次計劃；更要感謝區志堅博士及林浩琛、張宗澤、施瑞偉、朱銘謙、關浩維、周集源、楊崤、鄭玲玲、陳曉童等同學鼎力支持，尤要感謝林浩琛、黃雪兒、楊家樂、陳建宇、麥浚樂、馬鈺詞、黎鈞豪、黃家裕、葉翠婷、鄭玲玲、陳曉童、林嘉曜、吳佰乘、陳穎欣等同學協助校對、出版等事宜；當然更要感謝香港中華書局黎耀強先生、吳黎純小姐協助全書的出版和編輯工作，深信沒有以上各人的全力協助，本書也未能面世的。

　　本人希望透過文化的寶庫—非物質文化遺產，使社區、群體和個人的尊重、認同不斷增強，令香港社會變得更美好！是為序。

2019 年 2 月 14 日

高寶齡 , SBS, BBS, MH, JP

文化力量主席

目　錄

表演藝術 ▶

01 粵劇

張宗澤

　　粵劇又稱「廣府大戲」，是省港澳地區的藝術瑰寶。昔日的香港，在喜慶等節日搭建戲棚，讓普羅大眾觀賞，粵劇成為大眾主要的娛樂節目之一，更有人把粵劇比喻為中國歌劇。但現時只有老一輩懂得觀賞粵劇，一些年輕人更視粵劇是落伍的象徵，是次等文化。

　　粵劇於 2006 年 5 月 20 日列入第一批國家級非遺代表性項目名錄，並於 2009 年 9 月 30 日被列入聯合國教科文組織「人類非物質文化遺產代表作名錄」的世界非物質文化遺產項目後，粵劇漸受到大眾的關注，筆者藉此機會指出文化並沒有等級之分，粵劇並非落伍的象徵。本文將以粵劇的由來、現今粵劇的發展，以及粵劇與傳統文化三個層面去論述粵劇的特色。

粵劇為香港唯一一項名列世界非物質文化遺產的項目。圖為花旦陳咏儀（圖片由王梓靜提供）

粵劇的歷史背景

粵劇是以粵語演唱和唸白的戲曲，流行於粵方言區（包括廣東、廣西、香港、澳門等地）。粵劇通過唱、做、唸、打的藝術技巧，再加入廣東民間的說唱藝術與音樂，配合化妝、服飾、道具和鑼鼓等演繹故事情節，其表現形式糅合了文學、戲曲、舞蹈及武打，它的唱腔、行當、化妝、身段及曲譜等都蘊含豐富的藝術價值，形成了獨特的藝術風格。除了單純的表演藝術外，粵劇作為地方酬神、打醮等宗教活動的「神功戲」，更甚具社會及文化價值。❶ 可見一套粵劇的表演，不計算後台製作等其他因素都已經牽涉繁多，所以整個粵劇製作是一點都不簡單，而且亦並不如歐洲歌劇般的純粹，當中牽涉不少武打動作和身段技巧，故此對粵劇表演人員的要求，算得上是文武兼備。

粵劇的形成已有三百多年歷史，它是外來的多種戲曲聲腔和廣東本地土戲、民間說唱藝術不斷融合和豐富而形成的。早於明朝，南戲已在廣東流行；崑班、徽班及江西、湖南戲班經常進入廣東各地演出。粵劇不但吸收了弋陽腔的特色，並且所演的劇目、唱腔、音樂、表演方式等，與徽、漢、湘、祁、桂劇大致相同。明末清初，西秦戲曲入粵，又促進了粵劇戲班吸收梆子腔的演唱，成為弋、崑、梆的混合班。清中葉以後，二黃入粵，又為混合班吸收。於是弋、崑陽腔被梆黃聲腔所取替，粵劇遂成為以梆黃結合為主，輔以原有曲牌、小曲、說唱等形式的劇種。❷

在乾隆年間（1736－1795 年），佛山已成為粵劇班的大本營，「瓊花會館」是粵劇的行會組織。咸豐年間粵劇藝人李文茂反清起義，粵劇遭禁，而瓊花會館亦被清政府燒毀，令粵劇沉寂一時。根據文獻記

❶〈粵劇〉，擷取自「非物質文化遺產辦事處」網頁 http://www.lcsd.gov.hk/CE/Museum/ICHO/zh_TW/web/icho/representative_list_cantoneseopera.html。

❷ 賴伯疆、黃鏡明：《粵劇史》（北京：中國戲劇出版社，1988 年），頁 1。

載，戲班當時是掛上京班幌子來演出的。同治年間禁令廢弛，粵劇逐漸復甦，而發展重心亦漸漸由佛山轉向廣州，本地班表演方式改變很多，聲腔已經吸收了二黃，並能以梆子、二黃為主，兼用大腔演出。

粵劇表演包括唱、做、唸、打的藝術技巧（圖片由王梓靜提供）

當時表演角色分為武生、正生、小生、小武、總生、公腳、正旦、花旦、淨和丑十大行當。光緒十五年（1889 年）在廣州黃沙設立「八和會館」，積極推動粵劇發展。二十世紀初，演唱語言亦由戲棚官話漸改為粵語。

根據廣州粵劇研究者陸豐先生的研究，粵曲唱腔的舞台語言是在1921 至 1927 年產生轉變，因為演唱平喉白話，不但吸收了廣府的說唱音樂如南音、木魚等，粵曲的調門也變為降 B 調。其中，白駒榮貢獻良多，他把十字句二黃改為「八字句二黃」，令到粵曲出現一種新的曲式，並成功把廣東白話引進粵劇及降調。薛覺先對問字求腔及對劇本之追求，對粵劇的發展有極大幫助。1930 年代，粵劇出現長達九年的「薛馬爭雄」時期，當時薛覺先建立「覺先聲劇團」及「覺先聲男女劇團」等，而馬師曾組織的「太平劇團」演出多齣粵劇經典劇目，包括《胡不歸》、《嫣然一笑》和《苦鳳鶯憐》。薛覺先與馬師曾的競爭，促進了粵劇的改革和興盛。

十九世紀末，部分粵劇藝人從廣州來港，當時的粵劇多在偏遠的新界地區戲棚表演。普慶戲院 1890 年建成，成為香港第一個室內表演場地；1899 年重慶戲院落成，當時著名的戲院包括昇平戲院、高陞戲院、重慶戲院和普慶戲院等。至 1920 年代，出現了所謂「省港大班」，即一些較有規模的戲班，大部分活躍於廣州、香港和澳門的戲院。戲院文化的形成、戲班的蓬勃，使劇目增加，唱腔曲調亦多元化，造就了一大批以唱腔著稱的名家和流派，如薛覺先的「覺先聲劇團」和馬師曾的「太平劇團」並立藝壇，他們不斷演出傳統粵劇及嶄新的劇目，領導了粵劇的劇本、服飾、音樂、舞台美術和演出方式，令粵劇藝術大放異彩。

隨着華人的移民及其對粵劇的喜愛和傳唱，粵劇被傳播到世界各地。經常有戲班在北美各地演出，包括了多倫多、波士頓、紐約、芝加哥、三藩市、檀香山、西雅圖、溫哥華等等。另一方面，移居到東南亞各地的華僑仍然保持了固有的習慣，令粵劇也在東南亞各地得到普及，當地人甚至自組粵劇團體，如新加坡的「慶維新」和吉隆坡的「普長春」等。

香港的粵劇發展

粵劇自 1880 年代開始在香港興起，1920 至 1940 年代是粵劇的黃金時代，大部分戲院東主同時是大型商業機構的持有人，如源杏翹擁有太安公司、九龍普慶戲院及太平戲院。何萼樓為寶昌公司的東主，亦是和平戲院及高陞戲院的老闆。戲院東主定期邀請著名的戲班或名伶演出，而表演合約一般為一至三年。早期的戲院，觀眾除欣賞粵劇表演時的鑼鼓、演員的唱白外，還有小販的叫賣聲，形成一種獨有的戲院文化。

二十世紀三十年代，當時香港有法例禁止男女同班，所以歷年來粵劇組織若不是全男班，就是全女班。及後羅文錦爵士在立法局中提

冷知識

你知道嗎？粵劇興盛時期，利舞台、高陞和太平等座位上千的戲院，上演的不是電影，而是粵劇。而且，一星期七天都有不同的劇目上演，幾乎每晚爆滿，全盛時期更發展至「薛馬桂白廖」五大派別。

議，說男女既能同坐，為何不能同班？香港總督貝璐爵士允許撤銷此禁令，1933 年立法會一致通過取消男女合班禁令。各戲班紛紛聘用女花旦，令觀眾耳目一新，而男花旦漸遭淘汰，這是粵劇歷史大轉變之一。從此粵劇在香港日趨流行。

香港的粵劇在 1920 至 1930 年進入鼎盛時期，從 1930 年起，香港的粵劇開始引入京劇的樂器和表演技巧，並吸收電影中的化妝技巧、服飾、燈光佈景，以至西方樂器如梵鈴、色士風等，大膽革新粵劇的舞台表演模式。1938 年日本佔領廣州後，很多名伶移居香港，如薛覺先、馬師曾、桂名揚、白玉堂、廖俠懷、李海泉及上海妹等，令香港取代廣州，成為粵劇表演的中心，盛況一時。當時，除了演出語言全面採用廣府話取代昔日的「舞台官話」外，大量的新劇創作令「省港班」在華南地區巡迴演出，以至薛覺先與馬師曾兩位名伶在舞台上各領風騷的現象，都標誌着粵劇在香港的蓬勃發展。

1941 至 1945 年日軍佔領香港時期，香港的粵劇演出亦未有間斷，不過不及 1930 年代的興盛。二十世紀五十年代，由於電影工業的發展，香港很多戲院從上演粵劇改為播放電影，也有不少粵劇演員投身電影工業，如任劍輝、鳳凰女、鄧碧雲、吳君麗、羅艷卿、余麗珍、梁醒波、靚次伯等。

1950 年代中，出現了一種新興的粵劇舞台，是在遊樂場、公園等臨時搭建，稱為「棚戲」，是當時粵劇的主要演出場地。「棚戲」多由街坊福利會組織籌辦，多屬籌款活動，有別傳統節日上演酬神的「神功戲」。

1953 年「香港八和會館」成立，積極推動香港粵劇的發展。香港與中國內地的粵劇自此各自形成本身的風格，香港的粵劇一方面在戲院及戲棚演出，另一方面以戲曲電影吸引觀眾。這時候，粵劇在香港不僅繼續有大量符合商業市場的作品出現，還有不少創作和表演嘗試探索。另一方面，香港粵劇電影和唱片廣泛流傳，並轉化為香港本

土文化的重要印記，一直影響後來的粵劇發展。

現時香港粵劇所表演的劇目大部分都是五十年代流行的劇目，不過粵劇表演地方卻有很大的變化。十九世紀香港的粵劇演出場合主要分為「神功戲」和「戲院戲」兩種。神功戲是因應神誕、節慶或醮會，由地方上自發籌組的活動，場地大都是在當地臨時搭建的戲棚。神功戲具有民俗儀式的性質，在香港市區和鄉村有悠久的歷史。「戲院戲」指在劇院或戲院內演出的粵劇。另一方面，粵劇以戲曲電影吸引觀眾。1970 年代末，粵劇重新起飛，進入黃金年代。

由於演出場地不斷增加，加上觀眾群擴大，香港粵劇發展亦見蓬勃。從 1990 年代起，香港更出現了不少業餘劇團，很多喜愛粵劇的人士，紛紛自組曲社，甚至成立劇團。1995 年，香港藝術發展局成立後，積極推動粵劇，更資助小型戲曲藝團，近年又成立「學校戲曲教育計劃」。另有西九文化管理局的粵劇新星展，培養年青一代對粵劇藝術的興趣和欣賞能力，讓這種珍貴的文化傳統，得以薪火相傳，繼續傳承下去。

為了更好地把粵劇推向世界，西九文化管理局將於 2019 年在西九文化區設置戲曲中心。戲曲中心的外觀別樹一格，糅合了傳統與現代元素，將「大門與表演亭台」、「庭院」和「流線與氣」等中華文化概念融入香港現代的市區環境之中，當中還包括一個可容納一千一百個座位的大劇院和設有最多二百個座位的茶館劇場，觀眾可以一邊品茗一邊近距離欣賞戲曲演出。❸ 如上文所述，粵劇是昔日大眾的主要娛樂節目之一，當大家聚集在場地裏觀看粵劇時，很自然地就會互相溝通，有助促進社群內的聯繫，亦提供了一個人與人互動的場所，戲曲中心的設計有助保留這一傳統。此外，戲曲中心的舞台和燈光設計也可以看出表演場地的革新，更符合現代需要。

❸〈戲曲中心〉，擷取自「西九文化區」網頁 http://www.westkowloon.hk/tc/the-district/architecture-facilities/xiqu-centre。

粵劇的表演特點就如民國時期的國學大家王國維所言「以歌舞演故事」，透過唱唸、器樂和一些舞蹈的互相配合來說故事，演員亦需注意劇中角色的性格，才可把角色的形象和故事的意義帶出來。如何帶出來就非常依靠演員的功架，同一個角色，不同演員的演出手法亦會有所不同，令到觀眾對該角色產生不同的觀感。例如馬師曾的首本戲《審死官》，這其實是一齣改編自京劇《四進士》的古老粵劇，馬師曾以丑角方式飾演宋世傑，成功改變了該角色的形象。

梁兆明飾演的觀音座前護法韋馱尊者（圖片由王梓靜提供）

9

《楊枝露滴牡丹開》羅家英飾演黃文翰，汪明荃飾演牡丹仙子紅萼（圖片由王梓靜提供）

粵劇與傳統文化

依文字記載和實物可考，粵劇可追溯到明清兩代，至今已有三百多年歷史，與傳統文化有着密不可分的關係，粵劇是透過誇張而明顯的表演手法，把傳統中國文化所提倡的禮義廉恥的道德文化和精神宣傳出去，例如關公的忠義。同時粵劇也為宗教服務，如神功戲便是於神誕、醮會上演的戲種。粵劇除了宣揚傳統文化精神，本身也是傳統藝術的一部分，傳承了中國傳統的觀賞文化和娛樂文化，並帶有強烈的嶺南特色。

結語 昔日香港的民眾在節慶的日子，都會湧至戲棚看粵劇，令粵劇成為大家聚合聯繫的一個媒介，也是昔日生活中的一個重要娛樂節目。然而，隨着時代流轉，生活日漸豐富，娛樂種類亦日趨多元，粵劇觀眾群下降。後隨着各方大力推動復興，漸漸有愈來愈多年青人加入粵劇行列，目前社會對粵劇發展也有更多的支持和關心。政府更從表演場地入手，加建高山劇場，常設演出場地油麻地戲院以及即將落成的西九文化區設置戲曲中心，促進這個非物質文化遺產的可持續發展性。

延伸思考

Q1. 為何粵劇會被稱作中國歌劇？
Q2. 應如何提升粵劇的趣味性？

參考資料

梁寶華、梁信慕：《粵劇藝術之創意：表演、劇本、音樂、傳承》，香港：聯合國教科文組織本土文化及創意教育研究觀測所，2012 年。
〈粵劇〉，擷取自「非物質文化遺產辦事處」網頁 http://www.lcsd.gov.hk/CE/Museum/ICHO/zh_TW/web/icho/representative_list_cantoneseopera.html。
賴伯疆、黃鏡明：《粵劇史》，北京：中國戲劇出版社，1988 年。
〈戲曲中心〉，擷取自「西九文化區」網頁 http://www.westkowloon.hk/tc/the-district/architecture-facilities/xiqu-centre。
戴淑茵：〈粵劇初探〉，擷取自教育局「學與教材料供教師參考」網頁 http://www.edb.gov.hk/attachment/tc/curriculum-development/kla/arts-edu/references/mus/14.%20Introduction%20to%20Cantonese%20Opera%20(Chinese%20version).pdf。

訪問錄

受訪者：龍貫天副主席

訪問者：高寶齡

訪問日期：2017 年 9 月 28 日

文稿整理：張宗澤

受訪者簡介：

龍貫天，香港八和會館理事會副主席，由 2009 年出任至今，為粵劇文武生，初從名編劇家蘇翁學粵曲，曾跟隨名音樂家朱毅剛、劉永全研習唱功，又跟隨京劇名師劉洵，以及武術指導任大勳、元武、許君漢、韓燕明等學習武功、身段。1986 年全身投入表演事業，先後組織「龍鳳」、「金敦煌」、「貫乾坤」、「天鳳儀」、「貫群天」等劇團。統籌及主演的粵劇有《張羽煮海》、《劉伶醉酒》、《青樓夢》等。

訪問者與受訪者龍貫天副主席（右）合照

粵劇有什麼要素促使它被列入香港非物質文化遺產代表作名錄？

龍貫天：首先，要知道粵劇是中國戲劇的一種。中國戲劇最早可追溯至魏晉南北朝，所以戲劇的變化是有深遠的歷史意義及源流。而粵劇是嶺南文化的一部分，嶺南之意是指華南地區五嶺以南的地方，即是廣東一帶，亦是傳承中華文化的地方，所以粵劇與其他劇種的本質是同出一轍，只是表演方法不同而已，這與各地社會因素不同有關，但表演的內容大都是宣揚儒家文化的忠孝仁義。

粵劇在殖民政府的管理下，因不受重視而發展受阻，更稱不上是主流藝

術，但卻得到很好的保存。回歸後，社會發展日新月異，粵劇亦與時並進，隨着科技進步，場地設置亦有改良，如燈光的照射愈來愈好，現時粵劇演員可隨身帶備小型電子咪高峰，演出更方便。我們亦常與廣州的粵劇派系交流，兩地的表演方法已出現互相同化的情況。

粵劇是香港人的生活文化，在社會關注度不足的情況下，透過非遺進行推廣是天經地義之事，本土的文化需要大家尊重和共同負責。粵劇是一種重要的歷史文化載體，傳承着中華文化。粵劇的存在本身已經擁有非遺定義的必要元素，保護這種本土並深蘊中華文化價值傳統的文化載體，正符合非遺設立的原意。

香港八和會館作為推動粵劇的文化載體，進行過什麼工作？

龍貫天：「香港八和會館」是粵劇工作者一個非牟利性質的行會組織。薛覺先、馬師曾、桂名揚、羅品超、林小群、陳笑風、白雪仙等都先後加入本館。四十多年來，對推動粵劇在國際上的發展貢獻良多。

八和粵劇學院是香港八和會館創辦的一家粵劇訓練學校，1980 年初正式招生，課程分唱科、演科、基本功三科，為兩年學制。首五屆培育出蓋鳴暉、鄧美玲、衞駿英、廖國森等名伶。1996 年八和粵劇學院獨立註冊為慈善團體，獲市政局及香港藝術發展局資助，與香港中文大學校外進修學院聯合主辦「粵劇培訓證書課程」，當年汪明荃任名譽總監，梁漢威任藝術總監，梁沛錦任課程顧問。課程更加入粵劇史、粵劇化妝等。

2006 年粵劇被列入國家級非遺項目後，八和粵劇學院為適應時代轉變，配合社會需要，於 2008－2009 學年起重新定位，制定策略，務求在粵劇教育上有新的發展和突破。現時，學院獲香港藝術發展局的行政資助，持續開辦不同專題的課程，加強現職演員，尤其是新進演員的訓練，從而提升粵劇的演出水平，吸引更多觀眾。當中「青少年粵劇演員訓練班」為四年制的培訓計劃，由八和的專業導師及資深演員任教，以循序漸進的訓練方式，培訓下一代粵劇表演接班人。

自 2010 年起，八和粵劇學院與東華三院呂潤財紀念中學合辦粵劇教學協作

計劃，將粵劇藝術帶入初中的正規藝術課程。2011 年，學院與香港科技大學合辦「粵劇藝術概論」課程，把粵劇教育推廣至大專學界。由 2012 年開始，學院與保良局成為合作夥伴，攜手推行初中粵劇課程，分別於保良局李城璧中學、保良局唐乃勤初中書院、保良局羅傑承（一九八三）中學實行。此外，學院陸續舉辦不同的粵劇專業課程，提升各個範疇粵劇從業員的專業水平。

2012 年舉辦的「粵劇新秀演出系列」是香港八和會館粵劇承傳工作重要的一環，這計劃得到粵劇發展基金、康樂及文化事務署及盛世天戲劇團的支持，得以籌辦「油麻地戲院場地夥伴計劃」的粵劇演出，並推出一百三十場的「粵劇新秀演出系列」，另有七十二場以海外觀眾為對象的「粵劇體驗場」，一年之內，籌劃超過二百場粵劇演出，將粵劇這門博大精深的表演藝術有系統地傳授予新秀演員，並透過舞台演出，向觀眾展示香港新秀粵劇演員的實力。

政府對推動粵劇有沒有提供什麼具體措施？

龍貫天：文化知識的推動，政府責無旁貸。粵劇在殖民政府的管治下發展受阻，當時的粵劇，是在眾人的努力下才得以保存下來。隨着香港回歸，政府開始重視香港的文化保育，在中央政府的大力提倡下，香港政府對粵劇的表演場地、推廣和發展的支援逐年增加。例如硬件方面，在香港文化博物館把粵劇作常設的展覽內容，把高山劇場作常設的粵劇表演場地，把油麻地戲院舊址作青年新秀培訓基地等；軟件方面，包括在香港演藝學院設立粵劇課程，設立粵劇發展諮詢委員會及粵劇發展基金，專責研究和推動粵劇的發展等。

近十年來，八和會館也花費了大量的人力、物力去推廣粵劇，例如舉辦訓練班，我們亦有與康文署和粵劇發展基金會合作，希望提供更多讓年輕演員表演的機會。現時粵劇在香港的發展相當成功，已開始慢慢培養出新世代的觀眾群及演員，按照現時發展情況，在老一輩的觀眾群和新世代的觀眾群的累積下，觀眾數量會愈來愈多。

政府在向民眾、中小學推廣粵劇知識上，有什麼地方可以再優化？

龍貫天：現時政府在推動本土文化的傳播上，手法極為守舊，不懂得把文化宣傳融
入生活之中。這方面的方法其實有很多，例如，政府可以與電視台合作製
作一些介紹本土文化的電視節目，又可以多派發宣傳單張，設立非遺博物
館向大眾推廣本土文化。事實上政府的文化宣傳及教育的手法，都過於刻
板，不利中小學生的學習和吸收。政府應該讓小朋友從小就有機會接觸這
些本土的非遺文化，並透過愉快學習提升他們對本土文化的興趣。對中小
學生而言，文化教育從興趣着手的話，會事半功倍。當然最後是否能夠終
身學習這些文化是他們的決定，但至少令他們學會尊重自己的文化。現時
香港的教育以考試分數為主導，很多學生都變成「讀死書」，沒有文化底
蘊可言，缺乏精神寄託。老師的角色因此變得重要，政府也需要提高中小
學老師在這方面的認知和興趣，否則只會是另一次沒有效用的「硬推」措
施而已。

不論是中小學生或市民大眾，利用氛圍令他們形成文化認同是很重要的，
透過潛移默化提升他們的文化底蘊後，他們才會對前人的艱辛付出有所感
覺，這才有助大眾建立起對自己文化的尊重。就這個層面而言，香港遠遠
不及日本，日本人非常尊重他們的國劇，觀眾更會穿上傳統的和服出席和
觀看。依我所見，港府應另設一個文化局，分擔康文署的職責，這樣應該
可以更有效提升文化推廣的效率，令到香港的文化發展路向更清晰。

您認為民間可以怎樣配合政府推動粵劇知識？

龍貫天：培養觀眾十分重要。擁有粵劇「發燒友」，老倌才可以生存，粵劇才可以
蓬勃發展。我認為舉辦粵劇欣賞會時，應該徵收入場費如港幣十元，入場
費只是一種象徵，因為免費門票會令到觀眾不珍惜。港幣十元即使是象徵
意義多於實際用途，都要堅持，這做法遠較免費派發門票好。另外，粵劇
組織選擇劇目時，可以考慮一些劇情峰迴路轉的，給初次接觸粵劇的觀眾
一種驚喜，例如《鳳閣恩仇未了情》，劇名看似悲劇，內容實質是喜劇。
這樣透過由淺入深的方法，逐漸吸引觀眾注意和提升他們對粵劇的興趣。

02 西貢坑口 客家舞麒麟

林浩琛

　　西貢坑口客家舞麒麟是由廣州、江西等客家人南來香港定居時帶來的風俗文化。最早可追溯至春秋戰國時間的圖騰舞，經不斷演變成為廣州等地的風俗活動。香港的客家人至今依舊保留着傳統的舞麒麟，已經有超過三百年的時間。2014年，西貢坑口客家舞麒麟被列入國家級非物質文化遺產代表性項目名錄，並於2017年被列入香港非物質文化遺產代表作名錄，引起大眾關注。雖然經過不少學者如葉德平博士等研究後，認為西貢坑口客家舞麒麟確實保留着豐富的文化資料，但因舞麒麟需要接受長期訓練，承傳相當困難。

西貢坑口的客家舞麒麟已有逾三百年的悠久歷史（圖片由坑口鄉事委員會提供）

西貢坑口客家舞麒麟的起源

早於春秋時期，已經有關於麒麟的記載，《詩經》中的〈麟之趾〉一文便明確描述了麒麟的形態，❶《禮記》則把龍、鳳、龜、麟合稱四大靈獸。❷ 客家人認為麒麟是吉祥之物，相傳麒麟到過之地，該地便會因靈獸到境而備受福澤，從而變得幸運，因而有「麒麟吉祥」的說法。客家人崇拜麒麟，另一說法則為「麒麟吐玉書，黃河清三日」的傳說。據傳，孔子出生之時，麒麟叼着一本玉書，送至孔子床前，孔子就因熟讀玉書而成為聖人，古時客家人重視教育，故更崇拜麒麟。❸ 而舞麒麟則源自春秋戰國時期的圖騰舞，唐朝時才正式出現舞麒麟，當時名為「麒麟狂舞」，隨明清兩次客家社群大遷徙由中原黃河流域傳至廣州、江西一帶。❹ 康熙復界後，客家人把舞麒麟帶來香港，並聚居於下洋村、上洋村、孟公屋村、坑口村等十八條村落聯合而成的客家社區。

西貢坑口客家舞麒麟的特色

客家舞麒麟的特色可以用十六個字形容：「威而不猛、泰而不驕、貴而不俗、靈而不鈍」。❺ 客家的麒麟體型比鶴佬麒麟小，額頭微微向上凸出，頭頂長有鐵角，呈半月形，另有三個呈三角錐形的玉角，眼眉上有「鰭鼓」、鱗片裝飾物，以往紮作師傅會在頭頂的鱗

❶ 葉德平、邱逸：《古樹發奇香 —— 消失中的香港客家文化》（香港：中華書局〔香港〕有限公司，2016 年），頁 123。

❷ 葉德平：〈物阜民豐瑞獸來 —— 漫談客家麒麟舞〉，《教協報》（2017 年 3 月 13 日），擷取自網頁 https://www.hkptu.org/ptunews/35118。

❸ 楊宏偉：《客家風采：客家文化特色與形態》（香港：現代出版社，2014 年），缺頁碼。

❹ 楊宏偉：《客家風采：客家文化特色與形態》；江志強：〈客家麒麟舞〉，《頭條日報》「黑帶論壇」（2014 年 5 月 16 日），擷取自網頁 http://news.stheadline.com/dailynews/headline_news_detail_columnist.asp?id=285843&section_name=wtt&kw=137。

❺ 江志強：〈客家麒麟舞〉。

客家舞麒麟頭套（圖片由坑口鄉事委員會提供）

客家舞麒麟身上的五色彩布（圖片由坑口鄉事委員會提供）

片配以蝴蝶等作為裝飾之用。⑥ 客家麒麟長三米，頸上繫有黑、白、紅、黃、藍（即青）五種顏色織成的彩布作軀幹，⑦ 分別代表陰陽五行中的金木水火土。黑色的布上寫有武館的名稱，白色的布上則寫有「國泰民安」或「風調雨順」的祈福語，國泰民安和風調雨順是昔日務農為主的社會生活無憂的兩大條件，故借助舞麒麟以求庇祐。

客家舞麒麟往往於新居入伙、新春等喜慶日子作為助慶祈福之用。他們承繼古代一直以來的傳說，希望麒麟能為他們帶來幸運，例如在新居入伙時，麒麟會在新居從左到右舞動，拜旺新居的陰陽四角。⑧ 這動作涉及中國人傳統的陰陽觀念，認為家中的角落聚集陰氣甚至污穢之物，故以舞麒麟消除邪物。舞麒麟時會演繹喜、怒、哀、樂、驚、疑、醉、睡等動靜神態，⑨ 但動作比舞獅低並較平實。⑩

村民新春團拜舞麒麟（圖片由坑口鄉事委員會提供）

---

⑥ 葉德平：〈物阜民豐瑞獸來 —— 漫談客家麒麟舞〉；獅藝界資深師傅：《香港獅藝傳奇：香港舞獅及客家麒麟套心得》（香港：超媒體出版社，2015 年），頁 97。

⑦ 獅藝界資深師傅：《香港獅藝傳奇：香港舞獅及客家麒麟套心得》，頁 97。

⑧ 同上。

⑨ 葉德平：〈物阜民豐瑞獸來 —— 漫談客家麒麟舞〉。

⑩ 獅藝界資深師傅：《香港獅藝傳奇：香港舞獅及客家麒麟套心得》，頁 91。

會所重修入伙舞麒麟（圖片由坑口鄉事委員會提供）

　　舞麒麟套路與舞獅有異，當中包括有出洞、繞頭、耍尾、尋青、探青、踢青、食青、醉青、吐青、打沙、吐玉書、遊花園、回洞等動作。其中的「吐玉書」是參照孔子出生時麒麟吐玉書的傳說所創造的。[11] 客家人尊崇孔子，認為麒麟吐玉書能為客家子弟祈福，早生貴子，並盼有如孔子的聖人誕於客家族群。[12] 雖客家人也有舞獅，但認為獅子為猛獸，不會讓獅子進家門。

　　舞麒麟中的禮節也非常重要，每項禮節均含有文化寓意，筆者將其分為四大類：首先是借麒麟降福所到之境的禮節，包括見枱要咬枱腳；進家門時需要頌讀對聯並咬門框；麒麟需以「8」字形圍着樑柱而入，其間不能踏入天井；桌上有祭品，需要每項都靠近望一下，使祭品沾染旺氣。其次是表示對神明敬意的禮節，包括見到神位，需要行三跪九叩的古代「大禮」；退後時需以尾巴先出，不能背對神靈。再者是表示對聘請的主人家尊敬的禮節，包括要謙卑，入村時要慢板

---

[11] 葉德平：〈物阜民豐瑞獸來 —— 漫談客家麒麟舞〉。

[12] 獅藝界資深師傅：《香港獅藝傳奇：香港舞獅及客家麒麟套心得》，頁91。

鑼鼓。最後為表示對麒麟和其他靈獸的尊重，包括龍獅麒麟相遇要互拜；當舞完麒麟後，麒麟被平鋪在地，任何人均不得直接跨過麒麟。⑬可見客家人不論是對天上神明或靈獸，以及地上的人民，均存有敬意，這可能因客家人最初寄居異鄉，往往需要對當地人、環境和神明表示尊敬，以求生活安穩。舞麒麟不單在背景和外觀上蘊含大量中華文化，更在禮節上具體表現出中華文化尊重萬物的謙卑精神，是中華文化中極為可取之處。

　　西貢坑口的客家舞麒麟更與沙田大水坑村之間有一則感人故事，話說康熙年間，客家人成檳元徙居香港，途中不幸遇上強盜喪命，他的遺孀鄒氏於是向丈夫生前的好友大水坑村的張首興求助。張首興不忍他們孤苦無依，故代故友照顧遺孀。鄒氏為表感激之情，以身相許，帶同幼子國珍嫁入張家。張首興把幼兒養育成人後，為免故友絕後，讓他們回復姓成，更義助繼子於西貢孟公屋成家立室，他便是坑口孟公屋成氏的開山祖成國珍。成國珍為謝恩，每逢年初二均攜同妻

兒，並備麒麟，到沙田大水坑村拜年，張家也隔年回拜，這段拜年習俗自康熙年間一直傳承至今，有關故事被記載於《成張兩族一家親碑記》內。⑭

西貢坑口客家舞麒麟的傳承

西貢坑口客家麒麟舞於 2014 年被列入國家級非物質文化遺產代表性項目名錄，客家鄉眾藉着每年的開年活動，加深香港市民對舞麒麟的認識。將軍澳舉辦了近年來最大型的舞麒麟開年活動，共有九隊來自不同的坑口客家村落和派別的舞麒麟團隊參與。⑮

可惜，舞麒麟的傳承相當困難，現今兒童已不能再日夜苦練，對舞麒麟的興趣也低，加上傳統音樂相對較為嘈吵，兒童不能長時期處於練習的環境中。即使上述難題一一克服，也缺乏合適的練習場地，由於將軍澳近年不斷發展，居住環境日漸稠密，村落與新建的民居毗連，常因噪音問題與區內居民出現爭執，故唯有期盼政府提供練習場地，讓有興趣的孩童能學習此歷史悠久的傳統技藝。⑯

隨着民間的重新重視，舞麒麟不但把西貢坑口的多條客家村凝聚起來，村民以舞麒麟打交道。不少有心人更設立各種學會、武館，盼能承傳這寶貴的文化，如：國術麒麟會、客家麒麟文化交流會等。客家舞麒麟不單在表演和文化上凝聚社區，更是肩負承傳客家文化的

---

⑭ 郭雅揚：〈客家舞麒麟坑口出沒 300 年老師傅：教人唔收錢〉，《香港 01》（2017 年 2 月 11 日），擷取自網頁 https://www.hk01.com/%E7%A4%BE%E5%8D%80/70419/-%E5%90%89%E7%A5%A5%E7%89%A9%E8%83%8C%E5%BE%8C-%E5%AE%A2%E5%AE%B6%E8%88%9E%E9%BA%92%E9%BA%9F-%E5%9D%91%E5%8F%A3%E5%87%BA%E6%B2%92300%E5%B9%B4-%E8%80%81%E5%B8%AB%E5%82%85-%E6%95%99%E4%BA%BA%E5%94%94%E6%94%B6%E9%8C%A2；葉子睿：〈客家傳統習俗 西貢坑口開年麒麟共舞〉，《香港商報網》（2017 年 2 月 9 日），擷取自網頁 http://www.hkcd.com/content/2017-02/09/content_1035937.html。

⑮ 葉子睿：〈客家傳統習俗，西貢坑口開年麒麟共舞〉。

⑯ 郭雅揚：〈客家舞麒麟坑口出沒 300 年老師傅：教人唔收錢〉。

使命，⑰ 然而，面對客觀的環境變遷，客家舞麒麟逐漸出現傳承無人的困境。

結語 西貢坑口客家舞麒麟獲列入香港非物質文化遺產名錄代表作的原因有很多。首先，客家舞麒麟於 2014 年已被列入香港非物質文化遺產代表作名錄清單，2014 年更被列入國家級非物質文化遺產代表性項目名錄。因着成張兩族的感人故事，客家舞麒麟早於唐朝出現，存有大量中國文化的元素。再者，坑口客家舞麒麟蘊含着不少本地人文特色。最後，客家舞麒麟凝聚了整個社區，為西貢坑口的客家人共同守護的精神。

客家舞麒麟（圖片由胡炎松提供）

---

⑰ 郭雅揚：〈客家舞麒麟坑口出沒 300 年老師傅：教人唔收錢〉；葉子睿：〈客家傳統習俗，西貢坑口開年麒麟共舞〉。

延伸思考

Q1. 素有指客家人比較沉實樸素，是否這個原因令較為樸實的麒麟舞於客家
社群中傳承開來？

Q2. 西貢坑口客家麒麟舞可否仿效舞獅等技藝在中學開班授藝呢？

參考資料

江志強：〈客家麒麟舞〉，《頭條日報》「黑帶論壇」，2014 年 5 月 16 日，擷
取自網頁 http://news.stheadline.com/dailynews/headline_news_detail_
columnist.asp?id=285843&section_name=wtt&kw=137。

郭雅揚：〈客家舞麒麟坑口出沒 300 年老師傅：教人唔收錢〉，
《香港 01》，2017 年 2 月 11 日，擷取自網頁 https://www.
hk01.com/%E7%A4%BE%E5%8D%80/70419/-%E5%9
0%89%E7%A5%A5%E7%89%A9%E8%83%8C%E5%B
E%8C-%E5%AE%A2%E5%AE%B6%E8%88%9E%E9%B
A%92%E9%BA%9F-%E5%9D%91%E5%8F%A3%E5%8-
7%BA%E6%B2%92300%E5%B9%B4-
%E8%80%81%E5%B8%AB%E5%82%85-%E6%95%99%E4%BA%BA
%E5%94%94%E6%94%B6%E9%8C%A2。

楊宏偉：《客家風采：客家文化特色與形態》，香港：現代出版社，2014 年。

獅藝界資深師傅：《香港獅藝傳奇：香港舞獅及客家麒麟套心得》，香港：超
媒體出版社，2015 年。

葉子睿：〈客家傳統習俗 西貢坑口開年麒麟共舞〉，《香港商報網》，2017 年
2 月 9 日，擷取自網頁 http://www.hkcd.com/content/2017-02/09/
content_1035937.html。

葉德平：〈物阜民豐瑞獸來 —— 漫談客家麒麟舞〉，《教協報》，2017 年 3 月
13 日，擷取自網頁 https://www.hkptu.org/ptunews/35118。

_____、邱逸：《古樹發奇香 —— 消失中的香港客家文化》，香港：中華書局
〔香港〕有限公司，2016 年。

訪問錄

受訪者：成漢強主席、成蘇玉師傅
訪問者：高寶齡、林浩琛、楊嶠
訪問日期：2017 年 10 月 18 日
文稿整理：楊嶠

受訪者簡介：

成漢強，現為西貢區議會副主席、新界鄉議局執行委員、坑口鄉事委員會主席及孟公屋村村代表，是次訪問以坑口鄉事委員會主席身份出席。

成蘇玉，現為舞麒麟師傅。

訪問者與成主席（右二）、成師傅（左二）合照

客家舞麒麟有什麼特質或文化內涵促使它成為非物質文化遺產？

成蘇玉：首先，麒麟文化在中國具有歷史悠久的價值。最初舞麒麟是由北方傳到南方，其性質圍繞信仰、拜神為主。因傳統文化中有靈獸四種：麒麟、龍、鳳、龜，以麒麟為四獸之首，象徵驅邪和吉祥之意。所以，舞麒麟普遍會在嫁娶、新居入伙、開業等喜慶事時出現，作辟邪之用。由於象徵吉祥，故舞麒麟文化在民間已存在幾千年歷史，此習俗亦逐漸成為社會民間的傳統。

另外，舞麒麟被列入香港非物質文化遺產代表作名錄之中，亦因其具有鮮明的客家族群的特色，並為客家族群帶來光榮。舞麒麟特別盛行於廣東、香港一帶的客家族群，由於過往客家人以「走難」方式從北方遷徙到南方定居，而那年代的客家男士普遍從事體力勞動，體格健碩，加上農村缺少娛樂，故此大部分客家男性會習武，既可強身健體，又可在武館教授或者參與舞麒麟，促使舞麒麟成為客家的特色文化。同時，客家舞麒麟亦具維繫社區關係的作用。我們堅持保留這傳統，目的是藉此維繫每年與張氏拜年的傳統習俗，延續客家族群之間重情誼的傳統交往。而以客家人角度，過往能夠參與舞麒麟是一種族群光榮及認同。

論體力，舞麒麟所需的氣力比舞龍舞獅要大得多，因為舞麒麟大部分姿勢都以半蹲式、爬行為主。相反舞獅則以站着或跑跑跳跳為主。論速度，麒麟動作講究輕快，以顯出靈活特質，但龍獅動作則是緩慢。可見，客家舞麒麟，動作雖不及龍獅優美從容，但樸實的動作卻顯出舞麒麟靈活輕巧的神態。論武功，麒麟可靈活地跳上兩頂轎的花檐上，但獅子卻未必做到。除此之外，舞麒麟活動範圍亦大於舞龍舞獅，如：麒麟可進出祠堂或寺廟，為新娘辟邪，相反舞龍舞獅卻不能。由此可見，客家舞麒麟不論在活動範圍和技術上，均比舞龍舞獅彈性大、靈活性高，更有其獨特的表演技巧。這些舞麒麟的特質均與非遺設立的標準一致，故促使舞麒麟可成為非物質文化遺產。

有什麼挑戰或困難阻礙了客家舞麒麟的承傳？

成蘇玉：現今的娛樂選擇多了令到舞麒麟較難承傳至下一代。以上一代為例，當時西貢坑口區仍未開發，男耕女織，生活樸素，沒有大量娛樂供市民選擇。所以男性一般在晚上到祠堂舞麒麟，要承傳舞麒麟並不難。但現時村內的

下一輩大部分遷移都市後，一般較喜愛舒適的休閒娛樂節目，令到愈來愈少人承傳。加上由於舞麒麟需配合體力和速度的要求，較舞獅麻煩，現在的人也逐漸怕辛苦、變懶惰，寧學舞獅，不習麒麟。而大部分市區武館也只教授舞獅，現在只有客家師傅擅長教舞麒麟，由此反映客家舞麒麟正面對傳承和參與短缺的危機。

成漢強：另外，麒麟隊較難到學校或經營武館開拓尋求更多人承傳。目前西貢約有十隊麒麟隊，以鄉作為單位，依託鄉事委員會，不像舞獅的武館式經營。同時亦因政府未有為麒麟隊提供相關資源的統一資助，使舞麒麟暫時只限於鄉內義務傳授。基於政府就推動承傳麒麟文化暫時未有實質資助，故令麒麟較難到學校作進一步開拓，讓學生有機會認識和傳承下去。

政府在客家舞麒麟的傳承上有什麼可以再作支援？

成蘇玉：我認為政府可以針對舞麒麟放寬實施管制。因為現時很多外來人搬入村內居住，但因不認識村中文化而出現誤解。例如：早前相思灣村因村民辦喜事邀請舞麒麟，但卻被不明白麒麟文化的外國人認為是噪音滋擾，報警投訴。外來人未必對鄉村舞麒麟有所認識，故希望政府在宣傳麒麟文化時，亦可放寬對舞麒麟在村內的管制，使麒麟的傳統文化得以發揚，也希望更多人會認識和懂得欣賞麒麟文化。

成漢強：我認同成師傅說法，而我認為政府應對於大眾宣揚更多麒麟文化。從傳承的角度，我亦希望政府可以向中、小學生作教育承傳，好讓市民在認知層面上，對舞麒麟有一定認識，並了解其文化價值。同時，亦期望政府能資助鄉事委員會到學校推廣麒麟文化，令到這種文化能在社區及學校得以延續發展，藉此亦加深對民眾的認識。

03 全真道堂科儀音樂

林浩琛

　　全真道堂科儀音樂，並非單指音樂方面的元素，而是特指道教派別中的「全真」派於進行儀式中採用的聲樂和器樂，已有上千年歷史，相傳起源於北魏，香港不少的喪葬場合均會採用，但將道士等同「喃嘸佬」，或認為他們「死人先唸經」的印象並不客觀公平。❶ 科儀音樂涉及祈福和超度亡靈，而當科儀音樂傳至香港後，與中國傳統曲藝融合，漸漸在表演模式上加入獨特的香港元素。全真道堂科儀音樂於2014 年被列入國家級非物質文化遺產代表性項目名錄，隨後設立香港全真道堂科儀音樂電子資料庫，供民眾了解全真道的科儀音樂並加以傳承。

全真道科儀音樂在表演模式上具有獨特的本土元素
（圖片由蓬瀛仙館提供）

❶〈道教樂師盼洗喃嘸佬印象「非死人才唸經」擬課程化承傳〉，《明報》（2015 年 1 月 11 日），擷取自網頁 https://news.mingpao.com/pns/%E9%81%93%E6%95%99%E6%A8%82%E5%B8%AB%E7%9B%BC%E6%B4%97%E5%96%83%E5%98%B8%E4%BD%AC%E5%8D%B0%E8%B1%A1-%E3%80%8C%E9%9D%9E%E6%AD%BB%E4%BA%BA%E6%89%8D%E5%94%B8%E7%B6%93%E3%80%8D%20%20%E6%93%AC%E8%AA%B2%E7%A8%8B%E5%8C%96%E6%89%BF%E5%82%B3/web_tc/article/20150111/s00002/1420915105548。

全真道堂科儀音樂的起源

很多人士認為全真道堂科儀音樂（也稱為「音誦」），是源自北魏神瑞二年（415 年）嵩山道士寇謙之所編定的《雲中音誦新科之誡》。❷ 儀式可分為兩個部分：靜態和動態。靜態包括壇場佈置、法冠服飾、科書文檢等；動態則指法事中道士的「唱」、「唸」、「做」。在「唱」、「唸」的部分，道侶會以特定的節奏和腔調朗讀或吟唱經文，配合不同的經文會有不同的抑揚頓挫，並伴以樂器演奏，相關的「聲樂」和「器樂」，道教人士稱作「經韻」。❸

蓬瀛仙館的經師正在施演全真道科儀音樂：《玄門讚星科》（左上）、《先天斛食濟煉幽科》（右下）（圖片由蓬瀛仙館提供）

❷ 〈全真道堂科儀音樂歷史源流與特色〉，《香港全真道堂科儀音樂電子資料庫》（香港：蓬瀛仙館，2016 年），擷取自網頁 http://daoistmusichk.org/zh-hant/taoist-ritual-music/history-and-features。

❸ 〈全真道堂科儀音樂歷史源流與特色〉；蓬瀛仙館：《全真道堂科儀音樂》（網上視頻）（香港：蓬瀛仙館，2015 年 7 月），擷取自網頁 https://mmis.hkpl.gov.hk/coverpage/-/coverpage/view?p_r_p_-1078056564_c=QF757YsWv5%2FH7zGe%2FKF%2BFPiXluyzx2XY&_coverpage_WAR_mmisportalportlet_PLAY=Y。

而香港全真道堂所使用的儀式音樂，主要承繼自廣州三元宮、南海茶山慶雲洞、南海西樵山雲泉仙館、羅浮山等地的全真道觀。科儀音樂傳到香港已有數百年的歷史。由於科儀音樂和儀式多以口耳相傳和師徒制形式傳承下去，相關的文化源自何展凌、侯寶垣、鄧九宜等幾位資深道長的身上，故現今香港各道堂音樂雖有不同，但畢竟是同宗同源，故有其相通之處。❹

隨着 1950 年代廣東全真道侶的南來，將原有的法脈、組織、經典、儀式傳播至香港，令香港道教的「經韻」發展趨向成熟。及後在傳承過程中受到本地戲曲文化如粵曲、廣東小曲以及儒、釋等其他宗教音樂的影響，漸漸形成具有香港地方色彩的道教音樂。❺

全真道堂科儀音樂的特色

全真道堂科儀音樂大致上是順應中國文化，儒釋道三家合流的歷史趨勢，在音樂中借鑑佛教的音樂而形成。最初的全真道堂科儀音樂，❻ 由於沒有文字記錄，科儀音樂由廣州傳到香港後開始出現走樣、缺音的情況，故開始融入本地的佛教音樂、粵曲、廣東小曲。❼

儀式一般可分為祈福法事的清醮和度亡法事的幽醮。常見的儀式包括：朝禮神明的「朝科」、向神明懺悔罪過的「懺科」、集福迎祥的「祈福法事」、超度亡魂的「度亡法事」、每逢道教節日，誕期舉行的朝賀儀式等。❽ 而常用的科儀中有「清微禮斗科」，以祭禮斗姥元君及北斗七元星君來為信眾降福增壽。因全真教相信災厄是記於

---

❹〈全真道堂科儀音樂歷史源流與特色〉。

❺《全真道堂科儀音樂》、〈全真道堂科儀音樂歷史源流與特色〉。

❻ 劉紅：〈香港與大陸之道教音樂的比較研究 —— 有關發生環境的分析〉，載黎志添編：《香港及華南道教研究》（香港：中華書局〔香港〕有限公司，2005 年），頁 136－166。

❼ 劉紅：〈香港與大陸之道教音樂的比較研究 —— 有關發生環境的分析〉。

❽〈全真道堂科儀音樂歷史源流與特色〉。

黑簿中，故朝拜北斗以祈求於黑簿中除名。「玉皇朝」是另一祈福法事，儀式主要敬拜玉帝，以朝拜諸神為副，借讚頌玉帝管理天下萬物之功，以祈求上天的降福。「九天大羅玉都師相呂聖真君無極寶懺」，簡稱「呂祖懺」，借崇尚呂純陽仙師的勸世傳教等行為，希望教化世人仿效。由此可見，全真的科儀以讚頌現世，並祈求各方神明優化現世社會。

另一方面幽醮多見「關燈散花科」，即點亮於五個方位祭神所用的燈，以希望各方神明協助超度亡魂；而散花則有中國古代文學借代的意味，文學中散花多指作人有如繁花，會經歷花盛花衰，僅為白馬過隙，希望勸化亡魂和為他們解冤，更勸化世人對功名利祿、人生瑣事看淡。於科儀中蘊含傳統道教的「洞明人世，淡薄名利」的思想。「先天斛食濟煉幽科」是香港全真派中最大型的度亡法事，可分為超幽、施食和煉度三部分。

所有儀式參與者均為「經生」，可分為「主科」的高功法師、「二手」的都講法師、三手的監齋法師、侍壇經生和散眾經生。香港的全真科儀音樂，一般以聲樂為主體，依據朗讀及吟唱的方法，可分為「朗誦式」、「吟誦式」、「吟唱式」、「詠唱式」四種。在唱誦時，由二手起腔並決定腔調和速度；而二手和三手分別以敲擊木魚和磬，來控制和調節經韻節奏。❾ 吟誦的經文公式化和較精簡，令人們不會覺得過於繁複。❿

聲樂固然有特色，但也不容忽視器樂中的獨特之處。器樂主要是在經韻唱誦之中加入樂器伴奏，在登壇之前也會有鼓、鐃、鑼敲擊；儀式進行中無經文需要誦唱的空檔，「醮師」，即道堂聘任的職業樂師，會用笛或嗩吶等樂器演奏曲牌。⓫ 因香港資源和人口比中國內地

❾〈全真道堂科儀音樂歷史源流與特色〉。
❿《全真道堂科儀音樂》。
⓫〈全真道堂科儀音樂歷史源流與特色〉、《全真道堂科儀音樂》。

少，往往會出現經生也負責器樂的情況。較大型的道堂會聘任醮師，但他們往往需要身兼多職。⑫ 有些學者認為正因科儀參與者少，出現較靈活的科儀架構，促使成本下降，故使大部分信奉佛道的市民於喪葬之時，依舊採用全真道堂科儀音樂。⑬

綜上所見，香港全真道堂科儀音樂傳承自廣州，因傳承方法出現問題而有所缺失，反而造就出具香港特色的音樂。更因環境局限，精簡人手，卻成為香港全真道堂科儀音樂一大特色。

蓬瀛仙館的經師正在施演全真道科儀音樂：《清微禮斗科》（左上）、《關燈散花科》（右下）（圖片由蓬瀛仙館提供）

全真道堂科儀音樂的傳承

近年，社會開始提倡保育文化，全真道堂科儀音樂也不例外。而科儀音樂更是領先各界，早於 1980 年代末，作為香港最具規模的科

⑫ 劉紅：〈香港與大陸之道教音樂的比較研究 —— 有關發生環境的分析〉。
⑬ 同上。

儀音樂道堂的蓬瀛仙館已開始公開招收市民學習科儀音樂的基本功，包括了解經文意思和器樂運用等。至 2015 年已經舉辦第六屆，參與的人中有未皈依道教的家庭主婦、中學教師等，⑭ 這也間接可見科儀音樂對香港各職業和文化背景的人均有其吸引之處。

全真道堂科儀音樂於 2014 年被列入國家級非物質文化遺產代表性項目名錄，隨後由衞奕信勳爵文物信託資助，設立香港全真道堂科儀音樂電子資料庫，供民眾了解科儀音樂並加以傳承。同時，透過平台發放保育全真道堂科儀音樂的最新消息，如 2017 年 5 月由非物質文化遺產辦事處舉辦的「非遺任務 —— 我要做傳承人」，組織了一群七至十一歲的兒童到訪蓬瀛仙館，並認識全真道堂科儀音樂，藉以傳承有關文化。⑮ 此外，蓬瀛仙館更舉辦科儀音樂會，以另類方法將此科儀音樂宣揚開去。⑯

結語 全真道堂科儀音樂被列為香港非物質文化遺產代表作名錄有其原因，首先全真道堂科儀音樂早被列為香港非物質文化遺產清單，更於 2014 年被列入國家級非物質文化遺產代表性項目名錄。其次，全真道堂科儀音樂的「音誦」形式源自北魏的《雲中音誦新科之誡》，順應中國歷史中的儒釋道三家合流進行一定的改變。再者，全真道堂科儀音樂早於數百年前傳入香港，至 1950 年代，很多廣州道士來港，進一步完善科儀音樂，更在歷史巨輪的轉動下，吸收粵曲、佛樂等元素，合力製作了現時具有香港本地特色的科儀音樂。蓬瀛仙館近年以招收市民學習科儀音樂，讓兒童到訪蓬瀛仙館和舉辦音樂會等方法，藉以傳承具特色的道教音樂。

⑭〈道教樂師盼洗嗚嘮佬印象「非死人才唸經」擬課程化承傳〉，《明報》，2015 年 5 月 11 日。

⑮ 蓬瀛仙館：《香港全真道堂科儀音樂電子資料庫》（香港：蓬瀛仙館，2016 年），擷取自網頁 http://daoistmusichk.org/zh-hant。

⑯〈蓬瀛仙館「玄音」傳正能量〉，《大公網》，2017 年 1 月 13 日，擷取自網頁 http://www.takungpao.com.hk/culture/text/2017/0113/52975.html。

延伸思考

Q1. 全真道堂科儀音樂可否成為學校音樂科目學習的一環呢？

Q2. 全真道堂科儀音樂近年以西方樂譜所記錄，有沒有可融合西方交響樂的可能呢？

參考資料

《全真道堂科儀音樂 電子資料庫宣傳小冊子》，香港：蓬瀛仙館，2016 年。

《全真道堂科儀音樂》（網上視頻），香港：蓬瀛仙館，2015 年 7 月，擷取自網頁 https://mmis.hkpl.gov.hk/coverpage/-/coverpage/view?p_r_p_-1078056564_c=QF757YsWv5%2FH7zGe%2FKF%2BFPiXluyzx2XY&_coverpage_WAR_mmisportalportlet_PLAY=Y。

〈全真道堂科儀音樂歷史源流與特色〉，《香港全真道堂科儀音樂電子資料庫》，香港：蓬瀛仙館，2016 年，擷取自網頁 http://daoistmusichk.org/zh-hant/taoist-ritual-music/history-and-features。

《香港全真道堂科儀音樂電子資料庫》，香港：蓬瀛仙館，2016 年，擷取自網頁 http://daoistmusichk.org/zh-hant。

游子安：《道風百年：香港道教與道觀》，香港：蓬瀛仙館道教文化資料庫、利文出版社，2002 年。

〈道教樂師盼洗喃嘸佬印象「非死人才唸經」擬課程化承傳〉，《明報》，2015 年 1 月 11 日，擷取自網頁 https://news.mingpao.com/pns/%E9%81%93%E6%95%99%E6%A8%82%E5%B8%AB%E7%9B%BC%E6%B4%97%E5%96%83%E5%98%B8%E4%BD%AC%E5%8D%B0%E8%B1%A1-%E3%80%8C%E9%9D%9E%E6%AD%BB%E4%BA%BA%E6%89%8D%E5%94%B8%E7%B6%93%E3%80%8D%20%20%E6%93%AC%E8%AA%B2%E7%A8%8B%E5%8C%96%E6%89%BF%E5%82%B3/web_tc/article/20150111/s00002/1420915105548。

劉紅：〈香港與大陸之道教音樂的比較研究 —— 有關發生環境的分析〉，載黎志添編：《香港及華南道教研究》，香港：中華書局〔香港〕有限公司，2005 年，頁 136－166。

〈蓬瀛仙館「玄音」傳正能量〉，《大公網》，2017 年 1 月 13 日，擷取自網頁 http://www.takungpao.com.hk/culture/text/2017/0113/52975.html。

黎志添：《香港及華南道教研究》，香港：中華書局〔香港〕有限公司，2005 年。

訪問錄

受訪者：梁德華主席、陳敬陽先生、李志誠先生

訪問者：高寶齡、容文傑、區志堅、林浩琛、陳鍵宇

訪問日期：2017 年 10 月 3 日

稿件整理：區志堅、林浩琛

受訪者簡介：

梁德華，現為香港道教聯合會主席，亦為蓬瀛仙館理事長，是次訪問以香港道教聯合會主席身份出席。（是次是以香港道教聯合會主席身份，約同道教同仁參與訪談，旨在以非牟利方式於書刊中傳揚和傳承道教。）

陳敬陽，現為蓬瀛仙館道教文化副總裁。

李志誠，現為蓬瀛仙館見習助理總裁。

訪問者與梁主席、陳副總裁和李助理總裁合照

道教文化有何要素促使它成為非物質文化遺產？

梁德華：道教是中華民族土生土長的宗教，可以說是中國的國教，自黃帝問道開始，即融入了中華人民的生活，成為人民的傳統習俗。正因與數千年以來的中華民族的發展息息相關，道教當中的一些支派和習俗蘊含大量歷史和文化，當這些支派和習俗被列入非物質文化遺產之時，我們極願意進行有關的保育工作。香港的道教清楚可見是源自廣州的道教，雖僅有百多年歷史，但因所蘊含的中華文化元素，加上香港的獨特社會發展，構成了香港道教的重要文化內涵。

全真道堂科儀音樂為什麼能夠成為非物質文化遺產的代表作？

陳敬陽：首先，非物質文化遺產強調以口耳相傳的方式傳承，正正與道教本身的傳統不謀而合，道教的齋醮科儀正正是口耳相傳，師徒相授代代傳承。全真道堂科儀音樂起源於寇謙之天師，打破以往以直誦形式，誦讀經文。即使涉及聲樂和器樂也不會因而改變傳承方式。全真道堂科儀音樂在 1929 年從廣州傳入香港，這是相當確定的。蓬瀛仙館的道脈相當清晰，現時我們依然保留不少當時的經典神像畫，證明先賢把全真道堂科儀音樂從廣州傳入香港的過程。全真道堂科儀音樂雖源自廣州，但過往的地理阻隔，慢慢糅合了香港的文化。此外，全真道堂科儀音樂事實上是一個特別的概念，因先賢逃至香港時，物質條件匱乏，只能建立樓上道堂而非公館，慢慢形成稱呼上的習慣。仙館自 1970 年代開始投放不少資源於文化方面，故現有的資料比較充實全面。

梁德華：全真道堂科儀音樂因已經成功被列入國家級非物質文化遺產代表性項目名錄中，自然有一定優勢。但在申請成為國家級非物質文化遺產之時，需要符合多項繁複的條件，首先蓬瀛仙館需要有一些傳承的記錄，傳承過程可被考究。其次，仙館極為願意為全真道堂科儀音樂出一分力，進行一定的保育工作。當然全香港有不少相關資歷的公館，雖然由蓬瀛仙館去進行申請，但並非說仙館是全港全真公館的領頭者。我們的道脈清晰，以我為例，父親於五十年代加入蓬瀛仙館，與先賢有所接觸，及後我由父親傳授全真科儀的技藝並加入蓬瀛仙館，相關的聯繫自父親一代開始直至現在，從未間斷。我有自己的徒孫，有着相當明確的承傳譜系。

全真道堂科儀音樂中存有什麼文化特色呢？

李志誠：首先，全真道堂科儀音樂保留了自古到今的道教文化。其次，全真道堂科儀音樂並非單指當中的音樂，而是以科儀為中心的聲韻音樂，這涉及道教的科儀文化。再者，還有科儀過程中的唱腔、節奏、聲樂與器樂的不同配搭，科儀朝拜的方向、經文等，各種不同要素所呈現出來的文化。

梁德華：全真道堂科儀音樂當中也存有不少普世價值。中華文化中，祭祀往往是代表

一種禮儀。頌經和朝神禮儀過程中，可反映人如何敬天法祖，音樂中的不同細節，亦反映人在敬拜不同的神的禮節和當中的文化如大愛、包容等思想。

全真道堂科儀音樂列入國家級非物質文化遺產代表性項目名錄後進行了什麼保育工作？

李志誠：全真道堂科儀音樂在 2014 年被列入國家級非物質文化遺產代表性項目名錄後，蓬瀛仙館在 2015－2016 年獲衞奕信勳爵文物信託資助，設立香港全真道堂科儀音樂電子資料庫。我們的概念是希望以實錄形式把全真道堂科儀音樂確切記錄下來，供大眾了解整個全真道堂科儀音樂的流程，因科儀音樂涉及聲音、動作、經文、朝拜的方向和時間等元素，故是次的影片是全方位拍攝，全面顯示出每個儀式的步驟和內容，影片內容以蓬瀛仙館的科儀為主。

政府在保育全真道堂科儀音樂上有什麼可優化之處？

李志誠：首先需要先肯定政府在非物質文化遺產的宣傳工作上有其成效，自從非物質文化遺產辦事處設立後，可見有不少的宣傳和保育工作。2016 年 6 月，非物質文化遺產辦事處在三棟屋博物館設立「香港非物質文化遺產中心」，藉以展示不同的非遺文化。但政府需要考慮在原有的博物館體系外，嘗試做其他的推廣活動，因三棟屋博物館比較偏僻，人流較少。

梁德華：香港政府現時所提供的資源多局限於保育工作，而對推廣特別是對外推廣的力度不足。道教文化在華人傳統習俗中佔有極重要的位置，涉及廣大的地域和眾多的華人，推廣範圍不應局限於香港。現時東南亞的國家也有道觀存在，同時道教文化亦能吸引到外國的民眾，這兩方面的市場潛力很大，香港政府應設立有關的基金讓全真道堂科儀音樂和其他非遺文化走出香港，而現時的資源應容許用較廣闊的方式去使用。

陳敬陽：2014 年非物質文化遺產辦事處曾組織交流團出席台北的香港週活動，反應熱烈。可惜只有一年，並沒有相關的跟進工作和恆常的出訪機會，浪費了對外宣傳的機會。

04 南音

楊家樂

音樂，是每個國家文化特色的一部分。三千多年前周代開始出現的「說唱音樂」，至唐代開始盛行，反映了中國音樂與人民生活息息相關。所謂的說唱音樂即是將音樂和語言兩者結合，形成有說有唱的音樂型式。❶ 南音，是流傳於珠江三角洲一帶的傳統說唱音樂，產生於清代乾隆、嘉慶年間，一般以椰胡、古箏作伴奏，而歌詞內容通常較為悲傷，取材自民間的生活困境、歷史故事等等。

南音泛指粵調，包括地水南音、戲曲南音、老舉南音等。於二十世紀初從廣州流傳至香港，唱曲、朗誦、說故事成為了當時的流行娛樂，茶樓、妓院招徠客人必不可少的節目。然而，後來粵曲的流行、1932 年的禁娼政策、六十年代的電台廣播流行，改變了受眾到茶樓聽戲的模式，即使電台廣播有杜煥的南音節目，至七十年代亦敵不過演出場地大幅減少與大眾文化改變，南音一度幾近消失。

直至八十年代初，有不同藝人推出各種南音唱片或舉辦演唱會等，使南音復興過一段時間，但流行情況仍無法與二十世紀初比較。

隨着被列入非物質文化遺產，南音近年再次引起社會大眾注意，不少人都希望透過此機會扭轉行業面臨式微甚至失傳局面，繼續將南音承傳下去。

現代的南音表演（圖片由茹國烈提供）

❶ 李潔嫦：〈香港地水南音初探〉，香港中文大學碩士論文，頁 1。

南音的起源及在香港的發展

南音，是中國說唱音樂的一種，源自唐朝寺院僧人的「俗講」。[2] 由於佛經對於一般平民來說比較深奧，僧人為了吸收信徒而以說唱故事的形式來宣傳教義，此即為「俗講」。此種說唱音樂受到大眾的歡迎，並開始在民間盛行，許多人更依照俗講的形式發展成各種的說唱音樂，題材亦從佛經慢慢轉變成歷史故事甚至民間生活情況等。隨着元曲的盛行，說唱音樂開始發展成多個流派，時至清代已衍生成為各種極具地方風格的音樂。[3]

珠江三角洲的說唱音樂則以木魚書為代表，約在明末清初出現。[4] 木魚書的題材豐富，有歷史事件、有民間故事亦有各種小說，深得珠江三角洲地區的歡迎。隨着經濟、社會等因素，木魚書開始在珠江三角洲地區之間廣泛流傳，並融合了各地的音樂風格和形式，逐漸發展成後來的粵謳、龍舟和南音等。[5] 其後，二十世紀初香港的茶樓、妓院為招徠顧客，開始在店內搭起粵曲歌壇，聘請內地藝人到港演唱南音。[6] 此後，南音便在香港落地生根，並盛極一時。

然而，自粵曲在二十至三十年代的興起後，南音對觀眾的吸引力便大幅降低，甚至因而開始衰落。到 1932 年香港實行禁娼政策以後，南音藝人自此缺少了一個可以賣唱的場所，南音更是大受打擊，亦同時令大量妓女加入賣唱行業，[7] 令競爭加劇。到了六十至七十年代，電台廣播開始在香港盛行，年輕人甚少再會到茶樓聽歌，加上西

[2] 陳汝衡：《說書史話》（北京：作家出版社，1958 年），頁 19。
[3] 中國藝術研究院音樂研究所編：《民族音樂學概論》（北京：人民音樂出版社，1983年），頁 126。
[4] 李潔嫦：〈香港地水南音初探〉，頁 1。
[5] 區文鳳：《木魚、龍舟、粵謳、南音等廣東民歌被吸收入粵劇音樂的歷史研究》，載《南國紅豆理論研究增刊》（1995 年 11 月），頁 36。
[6] 李潔嫦：〈香港地水南音初探〉，頁 9。
[7] 事實上，當時妓女都懂得演唱「老舉南音」。

方流行音樂的傳入，使南音的市場受到嚴重打擊。八十年代，榮鴻曾教授着手研究演出場合與演出的關係，並以保留記錄作前題，重建傳統場合邀請瞽師杜煥錄音，隨後更有不同藝人推出大量南音唱片、舉辦南音演唱會，但仍無法與二十世紀初的盛況比較。

香港南音的種類與特點

南音可分為「雅曲」、「俗曲」和「諧曲」。❽ 雅曲的歌詞可唱可讀，用詞優美，其後被大量吸收入粵曲之中；俗曲的歌詞是由雅詞加上生活化的口語組成，此種演唱方式更易令聽眾產生共鳴；諧曲的歌詞較以上兩種通俗，並以「急板」演唱，節奏明快，能營造輕鬆、歡樂的氣氛，❾ 聽者通常會捧腹大笑。在香港流傳的南音可分為三種：地水南音、老舉南音及戲曲南音。

地水南音，始於清末，被譽為南音的正宗腔，❿ 而早期演唱地水南音的藝人多為失明人士（男的叫瞽師、女的叫師娘）。有說「地水」一名源自占卜的術語，由於當時許多失明人士以占卜問卦為生，所以由瞽師或師娘演唱的南音被稱為「地水南音」。⓫ 地水南音的音調低沉，常以坎坷的個人遭遇或故事為題材，風格傾向傷憐、憂愁、悲涼，而因為南音演唱的場所多為茶樓、煙館及妓院，故此類題材往往會引起聽眾共鳴。

地水南音的音樂結構非常靈活，內容及歌曲編排常會因應演出環境而改變。瞽師多會自彈自唱，如用左手或雙腳拍板、加上右手彈箏

---

❽ 陳國球：《感傷的旅程：在香港讀文學》（台灣：台灣學生書局有限公司，2003 年），頁 372。

❾ 唐健垣：〈廣東南音曲藝〉，香港城市大學中國文化中心，擷最自網頁 http://www.cciv.cityu.edu.hk。

❿ 梁培熾：《南音與粵謳之研究》（三藩市：美國舊金山州立大學民族學院亞美研究學系，2006 年），頁 26。

⓫ 容世誠：《粵韻留聲：唱片工業與廣東曲藝（1903－1953）》（香港：天地圖書有限公司，2006 年），頁 92。

組成伴奏部分。而在內容方面，地水南音亦無嚴格規定，瞽師會隨着環境而自由發揮，⑫ 如有的長篇故事要唱一整個月才能完結，而有的則以最近新聞 ⑬ 或奇人異事作為題材。另外，地水南音亦沒有固定唱譜及規定歌詞，一般只以粵語的平仄來配合韻調，⑭ 因此即使是同一首歌曲亦會隨着環境而有很大變化。地水南音的著名曲目有：《客途秋恨》、《霸王別姬》、《男燒衣》等，而最著名的瞽師為杜煥。後來，瞽師、師娘逐漸被女伶取代，而近年的地水南音幾乎全由健全人士演唱，可見，以失明人士為表演者的傳統已經成為歷史。

南音表演吸引觀眾（圖片由茹國烈提供）

⑫ 文雪萍、黃靜薇、黃卓然：〈南音、裙褂製作等 10 項技藝，獲薦列非遺代表作〉，《香港 01》（2017 年 2 月 12 日），擷取自網頁 https://www.hk01.com/%E7%A4%BE%E6%9C%83%9C%83%E6%96%B0%E8%81%9E/71126/%E5%8D%97%E9%9F%B3-%E8%A3%99%E8%A4%82%E8%A3%BD%E4%BD%9C%E7%AD%8910%E9%A0%85%E6%8A%80%E8%97%9D-%E7%8D%B2%E8%96%A6%E5%88%97%E9%9D%9E%E9%81%BA%E4%BB%A3%E8%A1%A8%E4%BD%9C。

⑬ 〈南音戲棚搭建技藝等獲薦非遺 10 項代表作〉，《東網》（2017 年 2 月 12 日），擷取自網頁 http://hk.on.cc/hk/bkn/cnt/news/20170212/bkn-20170212160131591-0212_00822_001.html。

⑭ 文雪萍、黃靜薇、黃卓然：〈南音、裙褂製作等 10 項技藝，獲薦列非遺代表作〉。

老舉南音，指由妓女在妓院、煙館所唱的南音，名稱來自廣東人對妓女的稱呼「老舉」。老舉此名的來源眾說紛紜，其中較多人接受的是閩南語的妓和舉是同音，而老字則為前綴詞，兩字合稱為老舉。⑮老舉南音的內容較為通俗，而內容一般以戀愛及情色內容作為題材。然而，自香港於上世紀三十年代起全面禁娼以後，由於再無表演的場地，很多妓女都轉為演唱戲曲南音，令老舉南音完全失傳。但無論如何，老舉南音在三十年代以前確是非常流行，亦標誌着香港政策及社會的發展。

戲曲南音，又名戲台南音，是南音被粵劇吸收後演變而成的曲種，一般由粵曲女伶、粵劇演員演唱。⑯與上述的南音不同，戲曲南音講求嚴謹的曲風、咬字，音調高並要求用詞要文雅，伴奏樂器及人數亦較多，可謂是把南音舞台化、大眾化的一種曲種。戲曲南音除了受地水南音影響以外，亦有吸收木魚歌、龍舟等，因此戲曲南音可謂集百家於一身。由於戲曲南音風格較為優雅，不受限於場所及演出者，因此沒有太受到禁娼、禁煙等政策影響，在三十年代以後更逐漸取代地水南音及老舉南音。上世紀八十年代復興的南音，其實絕大部分的風格都傾向戲曲南音，正統的地水南音及老舉南音已經隨時間而失傳。

南音及香港文化

上世紀二十至三十年代，是南音在港發展的高峰期，與香港本地人的生活習慣息息相關。飲茶是廣東人的獨有文化，加上當時煙館、妓院生意仍然十分旺盛，商人為了增加店舖的吸引力而紛紛邀請藝人演唱南音，因而造就了南音的黃金年代。對於不少老一輩來說，南音

⑮ 沈秉和：《澳門與南音》（香港：三聯書店〔香港〕有限公司，2014 年），頁 14。
⑯ 李潔嫦：〈香港地水南音初探〉，頁 43。

不止是音樂、娛樂，更是一種集體回憶，標誌着在二十世紀初、香港經濟還沒有發展成熟的日子。

結語 由此可見，南音的興衰可謂標誌着香港音樂、政治等的歷史發展，我們可從南音的興盛與衰落當中了解香港社會的變遷。因此南音絕對是香港文化裏一個極為重要的組成部分。然而，由於西方音樂傳入以及現代流行曲興起等因素，南音不再是香港音樂的主流，與很多傳統藝術一樣，面對行業式微甚至失傳的問題。然而，今次被列為非物質文化遺產代表作名錄可謂燃點了南音再次復興的希望，希望逐漸吸引更多年輕一代學藝，繼續把南音承傳下去。

延伸思考

Q1. 除了政策因素外，南音的興衰會否與音樂市場的轉向相關？

Q2. 為何一般年輕人甚少學習演唱南音？

參考資料

中國藝術研究院音樂研究所編：《民族音樂學概論》，北京：人民音樂出版社，1983 年。

文雪萍、黃靜薇、黃卓然：〈南音、裙褂製作等 10 項技藝，獲薦列非遺代表作〉，《香港 01》，2017 年 2 月 12 日，擷取自網頁 https://www.hk01.com/%E6%B8%AF%E8%81%9E/71126/%E5%8D%97%E9%9F%B3-%E8%A3%99%E8%A4%82%E8%A3%BD%E4%BD%9C%E7%AD%8910%E9%A0%85%E6%8A%80%E8%97%9D-%E7%8D%B2%E8%96%A6%E5%88%97%E9%9D%9E%E9%81%BA%E4%BB%A3%E8%A1%A8%E4%BD%9C。

李潔嫦：〈香港地水南音初探〉，香港中文大學碩士論文，1998 年。

沈秉和：《澳門與南音》，香港：三聯書店〔香港〕有限公司，2014 年。

〈南音戲棚搭建技藝等 獲薦非遺 10 項代表作〉，《東網》，2017 年 2 月 12 日，擷取自網頁 http://hk.on.cc/hk/bkn/cnt/news/20170212/bkn-20170212160131591-0212_00822_001.html。

唐健垣：〈廣東南音曲藝〉，香港城市大學中國文化中心，擷取自網頁 http://www.cciv.cityu.edu.hk/content.php?p=info&id=tong_kinwoon。

容世誠：《粵韻留聲：唱片工業與廣東曲藝（1903－1953）》，香港：天地圖書有限公司，2006 年。

區文鳳：〈木魚、龍舟、粵謳、南音等廣東民歌被吸收入粵劇音樂的歷史研究〉，載《南國紅豆理論研究增刊》，1995 年 11 月，頁 29－40。

梁培熾：《南音與粵謳之研究》，三藩市：美國舊金山州立大學民族學院亞美研究學系，2006 年。

陳汝衡：《說書史話》，北京：作家出版社，1958 年。

陳國球：《感傷的旅程：在香港讀文學》，台北：台灣學生書局有限公司，2003 年。

鄭國權：〈南音〉，擷取自「燦爛的中國文明」網頁 https://hk.chiculture.net/?file=topic_description&old_id=30002。

訪問錄

受訪者：榮鴻曾教授

訪問者：伍婉婷、區志堅以及香港樹仁大學同學

訪問日期：2017 年 10 月 14 日

文稿整理：陳曉童、鄭玲玲、楊嶮

受訪者簡介：

榮鴻曾，匹茲堡大學音樂系榮休教授，致力於民族音樂學及中國傳統音樂研究。

訪問者與受訪者榮鴻曾教授（中）合照

南音獲列入「非物質文化遺產代表作名錄」原因是什麼？

榮鴻曾：南音具有藝術價值、社會價值。藝術價值方面，南音的文字具有廣東地區
特色，以廣東話詞彙與廣東話的表達方式唱出故事。這些內容與文字的書
面表達方式不同，使南音的語言具有獨特的地域性，蘊含強烈的本土文化
特色。同時，南音具有音樂意義，南音有自己獨特韻律，可以融合其他文
化，創造新的文化，例如粵劇就是吸取南音的表演特性演變而來。

另一方面，南音具有社會價值。南音演唱地點主要為舊式茶樓，大眾在茶
樓飲茶時，都愛聽盲公用簡單的樂器作伴奏，唱出故事。對茶客而言，茶
樓既是飲茶又是聽南音的好去處。加上古代社會，民眾的識字率較低，沒
有能力閱讀書籍、典故。因此，南音間接承擔起一部分知識傳遞的功能，

讓百姓從歌詞中學習或者了解各方面的知識，例如中國哲學、文化，即當時儒家思想及孝道等等，在社會中建立人們的共同價值觀，藉此加強歸屬感，有助中華民族的摶成。

再者，南音亦具有與世界交流的學術價值。全球許多地方，尤其是歐美、南美等地，都了解到以音樂說故事的形式是相當吸引人的，受到不同年齡人士的歡迎。以音樂說唱故事的方式在世界各地都可找到相關的記載，最早的見於古希臘文獻中，即荷馬所創作的史詩，統稱為《荷馬史詩》。而南音，正是中國說唱文化的代表，與世界各地的文化互相交流。

此外，將南音列作非遺項目，也可重新提醒我們應為自己的音樂文化感到自豪。中國人對自己的傳統音樂有種莫名的自卑感，總是要等到外國人給予我們高的評價時，才會意識到該文化的重要性，例如崑曲、古琴。我們應更積極主動提升對自己音樂的自信，將這些可貴的傳統文化努力傳承下去。

粵語說唱有多少種類別？

榮鴻曾：粵語說唱包括木魚、粵謳、板眼及龍舟等。繼 1904 年由前港督金文泰以及 1992 年 Peter Thomas Morris 翻譯了粵謳相關中文著作後，大大提高外國人對粵謳的認識，使粵謳成為國際社會最為了解的一種南音。其他類別的粵語說唱則幾乎都沒有任何文字記錄，因此社會對其認知少之又少，沒有太多人看重。

社會中有一小群體對於此精緻文化持欣賞態度，但當這精緻文化推廣到大眾時，有人會認為原來的文化會有所變質，應如何平衡？

榮鴻曾：許多文化藝術都予人高高在上的感覺，例如在山水畫中，不難發現許多文人雅士，他們大多數是在叢林中以古琴自娛，若此傳統樂器變成大眾化音樂，無疑會讓大眾更了解這文化，但值得留意的是，當人們被它吸引，開始湧來聽其演出或購買唱片時，該文化的本質很有可能會被轉化成為商業項目，這些與文化本身形象不符。這現象是好是壞，並沒有絕對的答案，

視乎個人立場和看法，兩者的差別只是以中國傳統方式還是現代方式保留該文化而已。

您對於南音的承傳有何看法？

榮鴻曾：我認為文化可以大致分為兩個方面：精緻和通俗。精緻文化是指一些讀書人會接觸、學習、把玩的、同時會記錄的文化項目，例如古琴。文人會用文字記錄這些精緻文化的存在，以致後人能藉着比較多的歷史資料了解這些文化。但南音是通俗文化的一種，它只在民間流行，很多平民都是在茶樓飲茶時，聽盲公用簡單的樂器作伴奏，唱出不同故事。對於食客來說，南音是在古式茶樓裏的主要娛樂方式，而失明人士亦可以藉向客人唱歌，找到一群知音人，一群聽懂他的歌聲及可以回應他的知音人，他們的表演都會比較開心。現時能夠掌握南音的人很少了，我不介意有興趣學習南音的人，利用錄音帶跟着頌唱的方式，學唱南音。

南音是口傳文化的一種，沒有其他文獻記錄它的存在。南音要承傳，一定要有人及時記錄相關內容，也可以利用科技協助，保留南音資料的完整性。南音可以用錄帶機錄下聲音，讓其他人知道南音的唱法。同時，可以用錄影機錄下表演者的形象，讓民眾了解正宗南音的唱法及表達模式等。

如果在傳承的過程中，下一代沒法完全學會上一代的技藝，反之在學習中融合當代元素，形成一個新作風、新文化，您怎樣看這件事？

榮鴻曾：這是一件好事，代表了年輕一代的新文化，因為他們不可能十足十學會上一代人的唱法。現在的年輕人有很多興趣，當他們學南音之時，他們自自然然會把這些趣味放入南音之中，所以，融合當代元素是一件很自然的事。

香港人現在都想找回一些代表香港獨特性的價值，您認為可以如何重現？

榮鴻曾：南音就是那份獨有的價值。你不需要把簡單的事情變得理論化，問：「價值在哪裏？」只要你感覺到這是我父輩的文化，有興趣去學就夠了，背後不需有很多理論去支持。

您平日會否也學唱南音？

榮鴻曾：沒有。你可能難以想像，我小時候是學鋼琴的。長大後離開香港，到了外國，才感到廣東話文化、香江文化很有特色，便開始研究。最初我是研究粵劇，然後再開始研究說唱音樂，之後是研究古琴。有心不怕遲，即使你開始時是學西洋音樂，也沒有所謂。長大後，便會自然回想自己小時候的文化，到有興趣的時候便開始學，沒有問題的。我是在年紀很大時，才了解到自己成長的地方的文化是多麼的有趣！當然，我的興趣屬於學術性興趣，所以並沒有特別去學唱。我認為南音有藝術價值、文學價值、音樂價值、社會價值，正因這些價值，我才會用心了解這門藝術。

您什麼時候開始有興趣研究南音？

榮鴻曾：最初，我是研究粵劇的。開始對粵劇有興趣，是因為當時在外國，圖書館的管理員知道我懂中文，邀請我協助翻譯二十多張粵曲唱碟。我在翻譯過程中，發現粵曲很有趣。由於我的爸媽都是上海人，不聽粵曲，我在成長階段並未認真聽過粵曲，只有偶爾家中傭人會聽，我也就跟着聽一些，卻不認為有什麼特別。到了外國，再聽粵曲，才發現其趣味，這是我最初對廣東本地文化產生興趣的緣起。

至於對南音產生興趣，則是一次在歌德學院聽到盲公杜煥唱南音的觸動。當時，一邊聽他說唱，一邊感覺他在異鄉唱很淒涼。我想，他心裏一定是嘀咕：「我唱給這些人聽，他們又不懂欣賞，但我仍要不停唱。」不知為什麼，我彷彿能感受到那位盲公的心情，很想要幫他唱好些、唱開心些。幾天之後，我就帶他到茶樓去唱，因為我知道他在那裏會唱得開心，因為我知道茶樓裏的茶客都是知音人，年老的還會一起討論唱得怎樣，我相信他這樣唱，心情一定比之前好很多。所以，若問我何時開始聽南音，應該就是在歌德學院開始。

南音說唱家以什麼標準揀選歌曲，歌曲的靈感又從哪裏來？

榮鴻曾：唱南音的人主要跟師父學唱歌曲。因此，每個唱南音的人，即使是唱同一個故事，表達方式、內容和表演時間長短都會有所不同。南音的故事可以很長，亦可以很短。我曾經請一位盲公為我唱出一個故事，十多個小時後，只完成三個章節中一個章節的一小段。可想而之，如果要唱完整個故事要多久呢！

其實，他們除了跟自己的老師學唱南音之外，當他們有足夠表演經驗之後，在有能力之下，亦會作出即興表演，即時唱出新的歌曲及內容。內容可以包括時事新聞、經歷過的事件等。我曾經請一位說唱者挑戰難度，用南音表達出自己的生平事跡，結果他一直唱了約十個小時，向人介紹他的一生。南音說唱者可以連唱很久，在特定音域中進行文字及音樂創作；而結構方面，他們不作多想，句與句之間，大致上合乎中文的平仄關係即可。

現時政府有什麼地方，可以再進一步優化？又如何向民眾包括中小學生推動「非物質文化遺產」的知識？

榮鴻曾：南音成為非物質文化遺產之後，期望政府可以將南音的相關資料放進博物館，讓青年人有機會了解南音，嘗試聽聽南音是怎樣的，希望五十年後仍有人記得在廣東的歷史上曾經存在過這種音樂。更重要一點是，南音成為非物質遺產可以吸引政府官員注意，提供多一點支援，為保留南音作出多一分貢獻。

年輕人應如何協助香港推動南音？

榮鴻曾：我認為年輕人應採取「先認識，後推動」的做法，推廣才更有效。在科技資訊發達的年代，年輕人可透過不同渠道認識南音，如在 Youtube 感受南音說唱的特色。當年輕人對此文化有了基本認識後，就可以嘗試參與其中，例如開口唱，可加深他們對於南音的認識，踏入承傳與推廣南音的進程。

社會實踐、
儀式、
節慶活動 ▸

05 長洲
太平清醮

林浩琛

　　長洲太平清醮，又名包山節，起源至今未能確定，但均與災難有關。較可信的是鼠疫和瘟疫說。長洲太平清醮是少數多族群共同參與的節慶活動，當中的搶包山、飄色等更是獨有的活動。隨時代變遷，現在的長洲太平清醮已加入不少商業元素，但傳承得相當好，更因其文化內涵於 2011 年被列入國家級非物質文化遺產代表性項目名錄。

長洲太平清醮已成為國際知名的節慶活動（圖片由長洲太平清醮值理會提供）

長洲太平清醮的起源

　　長洲太平清醮的起源說法有三，較多人相信的說法是十九世紀時的一場鼠疫。相傳當時的太平山街發生嚴重鼠疫，一位海陸豐居民把家中供奉的北帝神像帶給居民供奉，瘟疫不久消退。居民為酬謝神恩，於是舉行儀式慶祝，年年持續進行，慢慢演變為後來的太平清醮。因殖民政府以防火為由，嚴禁居民的祭神儀式，活動乃因而遷往海陸豐人聚居的長洲北社街舉行，並成為風俗。❶

　　另一個說法則涉及清朝中葉的一場瘟疫。有指當時長洲發生嚴重的瘟疫，島上民眾束手無策，唯有訴諸神明，向北帝爺求助。北帝爺啟示村民，命他們禮聘高僧，廣設道壇來超度水陸孤魂；同時請神出遊，震懾四方邪靈。居民除抬神像出遊外，更打扮成各方諸神，於長洲街上巡遊，借以驅除和威懾各方惡靈。每家每戶更拿出包點堆放在空地，用以「祭幽」。舉辦太平清醮後，島上的瘟疫漸漸消失。因此村民每年都舉行太平清醮，以防止瘟疫的再次出現。隨後歷經二百年的變遷，終演變為現今的太平清醮，此亦為長洲建醮值理會的官方說法。❷

　　最後一個說法則是跟海盜有關。長洲在清代時常受海盜侵擾，最著名的為張保仔。張保仔盤據長洲期間，一場颱風後，瘟疫來襲，島民漁民枉死者眾，島民認為是海盜殺人，於是島上的居民乃借太平清醮超度有關孤魂。❸

❶ 蔡志祥：〈香港長洲島的神廟：社區與族群關係〉，載陳春聲、鄭振滿編：《民間信仰與社會空間》（福州：福建人民出版社，2003 年）。
❷ 佛教慧因法師紀念中學：《探索非物質文化遺產：長洲太平清醮的保育價值及發展》（香港：佛教慧因法師紀念中學，2007 年），頁 3；何耀生：《香港非物質文化遺產》（香港：明報出版社，2005 年），頁 10－17。
❸ 佛教慧因法師紀念中學：《探索非物質文化遺產：長洲太平清醮的保育價值及發展》，頁 4。

不論那一個起源，均可見長洲居民是因生活困苦而訴諸神明，希望排除心靈上的不安。長洲島上的居民主要是潮汕海陸豐人和客家人，他們都有盂蘭勝會的傳統，長洲太平清醮不少的儀式佈置與盂蘭勝會相似，例如「包點山」、「祭幽」，採用大士王，甚至巡遊等均有模仿盂蘭勝會的影子。其中的包山祭幽、仿神巡遊等也可見搶包山和飄色巡遊的前身，種種跡象均顯示第二個說法較為可信。

長洲太平清醮的特色

作為消災解厄、酬謝神恩等而設的節慶活動，原於每年農曆四月上旬舉行，太平清醮農曆七月後由長老於北帝廟中擲筊杯決定建醮值理會的人選。慶典中除了道教儀式外，更為人所知的是儀式以外的民俗工藝，如建包山、紙紮神像、包點製作和戲棚紮作等。同時，飄色巡遊和舞獅等項目，亦讓長洲太平清醮生色不少。❹

先論包山搭建，1978 年前，包山是由長洲各宗親會和社團共同捐建的。以竹紮成高塔，材料以大毛竹和杉木為主，以杉木作為樁柱，並以大毛竹搭建成一個圓錐體的包山，上面掛滿平安包，供人們爭搶。❺ 這項技藝逐漸在香港消失，現時香港歷史博物館依然存有實物。六十至八十年代，大部分的香港人生活艱苦，搶得包山的包子，除了求神降福於包上，搶包山更是一種救濟貧苦大眾的舉措，這與潮人盂蘭勝會中的搶孤非常類近。後因 1978 年包山倒塌二十四人受傷的嚴重意外事故，一度停辦，改為分派平安包。直至 2005 年，搶包山改為競賽活動，在多間機構的支持和協助下，搶包山活動得以重新

❹ 蔡志祥、馬木池：〈非物質文化遺產的承傳與保育 —— 以長洲島的太平清醮為例〉，載廖迪生主編：《非物質文化遺產與東南亞地方社會》（香港：香港科技大學華南研究中心、香港文化博物館，2011 年），頁 288。
❺ 何耀生：《香港非物質文化遺產》，頁 10 – 17。

太平清醮中的平安包競賽活動現場（圖片由司徒毅敏提供）

現代的包山活動，山塔已由大毛竹和杉木改為鐵架（圖片由劉曉毅提供）

舉辦。⑥ 由於搶包山的活動極具地道特色，不少外國媒體如英國每日郵報更把長洲太平清醮形容為「包山節」（Bun Festival）。⑦

長洲太平清醮中最重要的紙紮神像有大士王、土地公、山神，每個約高五米。長洲太平清醮中採用海陸豐的大士王。海陸豐的大士王是獨腳站，而另一隻腳則盤起，與其他地區的大士王極為不同，故長洲太平清醮往往會聘用海陸豐的紙紮師傅，務求忠於傳統。有學者指出這種型態的大士王有兩個作用，首先居民相信當他們於大士王的腳下繞過，可以獲得大士王的靈氣，以防止受到孤魂侵擾。其次，人們相信撕下大士王抬起的腳上的小紙片，拿回家中燒成灰，混入茶水中飲用，會得到相當的保護。⑧

平安包也是長洲太平清醮中的另一特色，長洲太平清醮期間，全島的人均要齋戒，與此同時長洲各間包餅店，均會推出手工平安包。此齋戒期間，平安包不會用上豬油或牛油，平安包的材料包括麵粉、砂糖、水和各式餡料，主要有麻蓉、蓮蓉、豆沙三款口味。⑩

飄色巡遊，又名會景巡遊，最初以扮演神像為主，後來變成民間故事人物，近年則加入知名人士和政治人物。飄色的組成，主要分兩個部分：色芯、色櫃（或稱色梗）。「色芯」是指飄色中用於呈現整個飄色內容的核心，由一些四至六歲的小孩擔任；而「色櫃」則指用於固定色芯的鐵枝。飄色需要前後四人抬着巡遊，除了考驗小孩子的耐力，更考驗大人的力量和色櫃的工藝。⑪ 會景巡遊後有名為「走菩薩」

⑥ 佛教慧因法師紀念中學：《探索非物質文化遺產：長洲太平清醮的保育價值及發展》，頁 8−9。

⑦ Ruth Halkon, "Experience Hong Kong's annual Cheung Chau Bun Festival," *Daily Mail*, 25th May, 2015.

⑧ 蔡志祥、馬木池：〈非物質文化遺產的承傳與保育──以長洲島的太平清醮為例〉。

⑩ 香港旅遊發展局：〈長洲太平清醮平安包介紹〉，擷取自網頁 http://www.discoverhongkong.com/tc/see-do/events-festivals/chinese-festivals/cheung-chau-bun-festival.jsp

⑪ 何耀生：《香港非物質文化遺產》，頁 112−117。

你知道嗎？各個地區的大士王各有型態，廣府的大士王是張腿而坐的；潮汕的大士王是肅立於地的；海陸豐的大士王是一隻腳站立，另一隻腳盤起的。同時潮汕的大士王是青面；海陸豐的大士王是紅面；廣府的大士王則是白面的。

在飄色巡遊中扮演各式人物的小朋友（圖片由長洲太平清醮值理會提供）

的儀式，用意是送菩薩回廟，居民代表會接力跑一百米，也是飄色巡遊的一大特色。⑫

長洲太平清醮的傳承

配合現代人的生活，長洲太平清醮由原本每年農曆四月上旬舉行，擲筊訂日，改為於農曆四月初八佛誕之日舉行，為讓更多在長洲以外的居民能藉着公眾假期趕回長洲參與清醮。⑬

2004 年，長洲居民決定改變以往每年臨時才籌組建醮值理會的模式，改以社團註冊的方式，成立香港長洲太平清醮值理會，成為舉辦長洲太平清醮的常設機構。值理會自此開始招收會員，同時打破以往籍貫的限制，會員不再只局限潮汕海陸豐人和客家人。⑭

長洲太平清醮近年在旅遊業推廣和各界支持下，有商業化發展現象，出現大量的商品如平安包鎖匙扣、平安扇、環保袋等，開始往商業方向進行革新，加上香港旅遊發展局的大力宣揚，近年更成為全港的盛事。

結語 長洲太平清醮被列入香港非物質文化遺產代表作名錄有多個原因，首先是長洲太平清醮早於 2011 年被列入第三批國家級非物質文化遺產代表性項目名錄。其次它的起源蘊含着一定的歷史背景，更可能是從盂蘭勝會演變而來的節慶活動，極具文化內涵。近年因各方的宣傳，長洲太平清醮逐漸成為香港的盛事，起着凝聚全長洲，甚至全香港居民的作用。

⑫ 許輝程：〈長洲太平清醮〉，擷取自群峰學會網頁 http://www.rangepcc.com/bun_festival.htm。

⑬ 高崇：〈地方文化與旅遊經濟的互推互強——以香港長洲包山節為例〉，載《廣西民族大學學報》（哲學社會科學版），2012 年第 4 期。擷取自網頁 http://www.cnki.com.cn/Article/CJFDTotal-GXZS201204016.htm。

⑭ 翁志明訪問稿，2017 年 9 月 19 日。

延伸思考

Q1. 長洲太平清醮有什麼特別之處能吸引群眾參與？

Q2. 飄色巡遊近年的主題內容不再是原本的神像，有沒有破壞當中的意義呢？

參考資料

Halkon, Ruth. "Experience Hong Kong's Annual Cheung Chau Bun Festival." *Daily Mail*, 25th May, 2015。

何耀生：《香港非物質文化遺產》，香港：明報出版社，2015 年。

佛教慧因法師紀念中學：《探索非物質文化遺產：長洲太平清醮的保育價值及發展》，香港：佛教慧因法師紀念中學，2007 年。

香港旅遊發展局：〈長洲太平清醮平安包介紹〉，擷取自網頁 http://www.discoverhongkong.com/tc/see-do/events-festivals/chinese-festivals/cheung-chau-bun-festival.jsp。

高崇：〈地方文化與旅遊經濟的互推互強 —— 以香港長洲包山節為例〉，載《廣西民族大學學報》（哲學社會科學版），2012 年第 4 期。擷取自網頁 http://www.cnki.com.cn/Article/CJFDTotal-GXZS201204016.htm。

許輝程：〈長洲太平清醮〉，擷取自「群峰學會」網頁 http://www.rangepcc.com/bun_festival.htm。

蔡志祥：〈香港長洲島的神廟：社區與族群關係〉，載陳春聲、鄭振滿編：《民間信仰與社會空間》，福州：福建人民出版社，2003 年。

_____、馬木池：〈非物質文化遺產的承傳與保育 —— 以長洲島的太平清醮為例〉，載廖迪生主編：《非物質文化遺產與東南亞地方社會》，香港：香港科技大學華南研究中心、香港文化博物館，2011 年。

訪問錄

受訪者：翁志明主席

訪問者：高寶齡、區志堅、林浩琛

訪問日期：2017 年 9 月 19 日

文稿整理：區志堅、林浩琛

受訪者簡介：

翁志明，現為離島區議員、長洲鄉事委員會主席，更為長洲太平清醮值理會主席。自二十多歲一直協助長洲太平清醮值理會籌辦長洲太平清醮，並在任主席十多年期間，爭取重新舉辦搶包山和多項改革。同時積極傳承和推廣長洲太平清醮。

訪問者與受訪者翁志明主席（右二）合照

長洲太平清醮的儀式有何特色之處？

翁志明：以往長洲太平清醮每年正月元宵節後首個滿日以卜杯的方式，選出當屆建醮值理會的正副總理人選，擲十次獲最多筊杯者為總理，第二多為副總理。總理作為該屆長洲太平清醮的領導者角色，負責與各政府部門和長洲居民溝通。總理需要在長洲太平清醮前一個月進行齋戒沐浴，在太平清醮時負責作為神和人的傳訊者。長洲太平清醮值理會會予以協助並統籌太平清醮各項活動的具體事務，如搭建場地、儀式準備，是籌備長洲太平清醮

活動的幕後功臣。長洲太平清醮值理常務委員會任期三年一任，每三年選一次。

長洲除了太平清醮外，盂蘭也是重要節日，總理的職務是要完成太平清醮和盂蘭兩個大型的活動才能功成身退。因此，為了有充足時間籌備，值理會把卜杯改在盂蘭節後進行。而建醮總理人選每年卜杯為定，當年總理亦為值理會的當然副主席，過往只有惠潮府三邑人士才可參加總理卜杯，但由 2003 年起，其他籍貫的長洲居民也可參加，這種雙重架構顯示出長洲不同族群的融和。

翁志明：每年農曆四月初六早上六點多，道士就進行「洗街」儀式，燃點香燭並於井中投入符咒，藉以「潔淨」街道和水源。總理和道士會先到長洲各廟宇進行請神儀式，把神請到北帝廟廣場並開光。正式起醮時，道士會進行請天神的儀式，以「請帖」和誦經請下各方神明，全程總理都需要跪下；請天神後把各請帖和神馬燒掉，象徵神馬把消息上達天庭。儀式完成後會派人到長洲各地打鑼告知已經起醮，全長洲居民開始三天齋戒。及後，為三大神像（大士王、土地公及山神）點睛，同時戲棚開始上演神功戲。另也會進行「收香米」的儀式，每家每戶獻出「祭幽」儀式用的香及米，藉以反映每戶人家均有奉獻的精神。四月初七時，進行「放船」的儀式以祭祀水中的孤魂，也為麒麟點睛，並有舞麒麟的助慶活動。四月初八，早上也有一場舞麒麟，下午開始進行飄色巡遊；晚上則有祭幽儀式，設三十六席，有食物、紙紮娛樂用品、法事用品等。大士王會進行分衣施食，並管理孤魂的秩序。午夜十二點後進行搶包山。之後進行「謝天地」儀式，由道士頌經，並以擲筊杯的方式得悉天意，更以金豬、白豬作酬神之用，往往第一杯便擲出筊杯，代表該屆長洲太平清醮正式完滿結束。當然現在演變成搶包山競賽，由以往為「散幽」儀式改為競賽的形式，這是與傳統儀式最大的分別。

政府於保育長洲太平清醮的政策上有沒有可以優化的地方？

翁志明：事實上很感謝政府各部門的支持，如香港旅遊發展局的大力宣傳，令近年長洲太平清醮成為香港的一大盛事。在此之前，雖然大量香港市民、遊客參加長洲太平清醮活動，太平清醮的經費依然緊張。區議會雖有一定的資助，但面對長洲太平清醮的龐大開支，有關的資助可謂杯水車薪。近年，政府和我們爭取香港賽馬會撥款支持長洲太平清醮，但亦只能支持部分費用，如包山建設費用；其他大部分的資金仍需要值理會、長洲鄉事委員會向居民籌募，這對我們而言相對較為吃力。故此希望政府能夠進一步在資金上援助長洲太平清醮，令太平清醮進一步發展，如舉辦兩天飄色巡遊等。

長洲太平清醮會否出現承傳的問題呢？

翁主席：長洲太平清醮規模盛大，不論小孩、學生、成年人和長者均齊心合力，在市區工作的居民也會特意回到長洲協助活動進行。正因長洲居民向心力強，居民不惜花費大量時間和金錢，群策群力，令長洲太平清醮盡量圓滿舉行。例如飄色巡遊耗費龐大的時間和金錢，長洲太平清醮值理會只能象徵式予以津貼，其他的開銷全賴長洲居民的鼎力支持。同時，學校也大力支持太平清醮，如佛教慧因法師紀念中學派出學生研討學習、香港中文大學的教授們為太平清醮作學術的存檔等，故此不大存在參與和傳承的困難。長洲太平清醮現在遇到的最大困難反而是值理會人手缺乏，近年逐漸出現無法妥善安排所有事情的困境。長洲因有大量的同鄉會、宗親會等，各自有需要負責的事務，令到值理會協助的人手減少。另一隱憂是每年參選總理的人數不多，由於歷史的緣故，以往可競選總理的人必須是「三邑人」，即潮汕人、海陸豐人、客家人，這令其他籍貫的居民不願意參與太平清醮。近年雖容許其他籍貫的長洲居民參與競選總理，但人數仍然相當少。

長洲太平清醮在承傳上有沒有改進的空間呢？

翁主席：我們渴求進一步保育和傳承長洲太平清醮，早於數年前開始，我們一直希望籌辦一所有關長洲太平清醮的博物館，這能令來長洲的遊客更深入了解長洲太平清醮的文化。我們盼望以長洲廢棄的學校或醫院改建成博物館，但這涉及改變土地用途等範疇，有待進一步與政府部門探討與協調。

太平清醮建醮日程表

	項目	日期	時間	備註
1	建醮日期	2018年5月19日至5月23日 (農曆四月初五至四月初九日)		搭設大型神棚及三尊約3米高紙扎神像
2	迎 神	2018年5月19日 (農曆四月初五)	上午十時	由法師到長洲各神廟請神明到北帝廟建醮場地
3	開光儀式		晚上九時	法師頌經替各神明開光隨後啟壇起醮
4	起 醮	2018年5月19日 (農曆四月初六日子時)	晚上十一時	
5	演戲助慶	2018年5月19日至5月22日 (農曆四月初五日至四月初八日)	每晚七時三十分至十一時正	(三日四夜) 粵劇神功戲
6	齋戒日期	2018年5月19日晚11時至5月22日晚12時 (農曆四月初六日子時至初八日晚十二時)		傳統習俗 祈求合境平安
7	走午朝祭神		上午十一時	(北帝廣場)
8	醒獅麒麟點睛 及剪綵酒會	2018年5月21日 (農曆四月初七日)	下午二時三十分 下午三時十五分	(北帝廣場) 醒獅麒麟獻
9	水 祭		晚上六時三十分至九時三十分	
10	道教祈福儀式		晚上八時正	恭迎聖駕
11	走 船		上午九時	由法師進行
12	放 生		上午十一時	中興街海旁
13	第一天 會景巡遊	2018年5月22日 (農曆四月初八日)	上午九時三十分 上午十時三十分 下午二時	太平山麒麟及功夫表演惠海陸鄉麒麟表演飄色、會景巡遊約二小時
14	山祭超幽		晚上六時至十一時三十分	超渡幽魂敬送大士王歸天
	謝天地		凌晨十二時三十分	答謝神恩
15	搶包山 比賽		凌晨零時	與康文署合辦決賽由12位健兒競賽
16	開齋日期	2018年5月23日 (農曆四月初九日)		各善信開始到神棚酬謝神恩
17	派發平安包		上午九時	將平安包派發給公眾人仕(北帝廣場)
18	第二天送神回廟		下午二時	恭送神鑾回廟

太平清醮建醮日程表（圖片由司徒毅敏提供）

06 大澳端午龍舟遊涌

張宗澤

　　端午龍舟競賽大家耳熟能詳，但大部分香港人未必熟悉大澳端午龍舟遊涌這個已被列入國家級非物質文化遺產代表性項目名錄。大澳端午龍舟遊涌除了反映中國傳統民間信仰，亦具有本土特色。這項活動是大澳社區每年一度的盛事，又是香港以至中國獨有的傳統活動。隨着近年持份者的積極推廣，愈來愈多人認識這個傳統活動。本文將以龍舟遊涌的起源和傳統儀式、現今發展、與傳統文化的關係，論述大澳端午龍舟遊涌的歷史意義和文化精神，以及成為非物質文化遺產代表作的原因。

穿梭於棚屋中的龍舟具有強烈的地方色彩（圖片由 Walk in Hong Kong 提供）

龍舟遊涌的起源和傳統儀式

　　據大澳父老所言，龍舟遊涌已有百多年歷史，相傳當地早年發生瘟疫，導致不少人死亡，居民於是請大澳四間廟宇的神靈出來，安放在神艇上，由龍舟拖行，在大小水道巡遊，沿途化衣祭鬼，祈求水陸居民平安。❶

　　活動儀式以灑酒開始，首先以雞血加入酒中，製成雞紅酒，再從頭至尾灑在龍舟上，以潔淨龍舟。在新龍舟建成後，大澳各行會即會在楊侯古廟舉行開光儀式，由道士主持，並請喃嘸先生唸經，賦予新龍舟生命。健兒隨後就把新龍舟划到楊侯古廟附近的山邊，採下青草，放進龍頭口內，賦予生氣。然後，龍舟拖着神艇，依次划到楊侯古廟、新村天后古廟、關帝古廟、洪聖古廟，將代表菩薩的小神像接返龍舟會的龍躉。接着，各行會的龍舟拖着載有菩薩小神像的神艇，巡遊水道，以潔淨社區和保佑水陸居民平安。龍躉為行會於端午期間的臨時活動場所，同時亦為各行會龍舟的停泊處，從廟宇請出的小神像會放在這裏，予人供奉。最後就是送神龍舟於遊涌結束後拖着神艇，把菩薩小神像送返各廟宇。❷

　　整個節慶活動的出現與居民為了祈求身體健康、生活安定有關。從前人們敬仰天地，當遇上瘟疫災情，而醫療水平和科技水平落後的情況下，居民便會請求神明的幫助，認為只要誠心祈求，這些超自然的力量便可以驅趕瘟疫。

❶ 陳天權：《香港節慶風俗》（香港：明報出版社，2012 年），頁 26－27。
❷ 廖迪生：《大澳端午龍舟遊涌》（香港：香港科技大學華南研究中心，2014 年），頁 12－13。

今日大澳的龍舟遊涌（圖片由 Walk in Hong Kong 提供）

龍舟遊涌的現今發展

　　大澳的龍舟，全長六十五呎，前有龍頭、龍鬚及龍腮，中間有頭牌和羅傘，內裏有大艕、龍筋和企艕，最後有龍尾及尾腮。❸ 龍身可坐鼓手二人，杪手一人，打鑼一人，健兒三十二人。

　　至於現時的遊涌路線安排大致如下：

　　第一天，上午九時至九時十五分，合心堂及鮮魚行龍舟會到楊侯古廟後山邊進行儀式；九時四十五分至十一時三十分，合心堂及鮮魚行龍舟會到楊侯古廟、新村天后古廟、關帝古廟、洪聖古廟，將代表菩薩的小神像接返龍舟會的龍躉，為兩天的活動作準備。

❸ 廖迪生：《大澳端午龍舟遊涌》，頁 24－25。

第二天，上午七時四十五分至九時十五分，扒艇行龍舟到楊侯古廟後山邊進行採青儀式；九時十五分至十時四十分，到楊侯古廟、新村天后古廟、關帝古廟、洪聖古廟，將代表菩薩的小神像接返龍舟會的龍躉；十時四十五分至十一時三十分，進行龍舟遊涌，扒艇會、合心堂及鮮魚行的龍舟，拖着神艇，艇上載有菩薩小神像，巡遊水道；下午一時三十分至三時，進行送神儀式，扒艇會、合心堂及鮮魚行的龍舟，用神艇將神像送返楊侯古廟、新村天后古廟、關帝古廟及洪聖古廟。❹ 遊神過程中，也有一些禁忌，例如女性不可以划龍船；漁業行會成員家中若有白事，一個月內不可參加遊涌活動；當地居民也不喜歡自己的棚屋被龍舟和神艇觸碰到，認為船隻在祭祀水上弧魂，如被碰到就會帶來霉運。❺

龍舟遊涌前有不少準備工作（圖片由 Walk in Hong Kong 提供）

❹ 同上，頁 27－31。
❺ 陳天權：《香港節慶風俗》，頁 28。

現時已有不少關於保育龍舟遊涌的推廣活動，以龍舟遊涌為主題的教育活動亦愈來愈多元化，規模及組織性都較以往強，包括：工作坊、考察活動、扒龍舟訓練等。⑥ 其實現時有關機構已加大力度推廣大澳端午龍舟遊涌，並增加其多元性，務求令這個傳統活動變得有趣之餘又不失其本來意義，讓傳統風俗活動既保留傳統又能適應時代變遷，並可持續發展。⑦

龍舟遊涌與傳統文化的關係

民間風俗或多或少都有尊崇大自然力量的傾向，人們相信透過尊重大自然力量，可帶來好的回報，又可培養感恩的心。大澳人相信神明會庇祐他們漁穫豐收，在龍舟遊涌活動中，頭船有責任或權利親手接送神像；二船則撐傘，保護頭船所接送的神像。農曆五月是漁業的淡季，也正好讓大澳的漁民盡情慶祝端午節。可見大澳的龍舟遊涌，跟社會經濟組織和生態環境，有着密切的關係，而更重要的，是與各社會文化範疇相互配合，⑧ 從中團結村民，並建構身份認同，形成對社區的歸屬感。

探討龍舟遊涌與傳統文化的關係，則可從活動儀式中窺見一二，整個龍舟遊涌活動裏都有涉及侯王、天后、關帝、洪聖等與傳統中國民間信仰有關事務，前兩者代表大自然力量，後者則是正氣的化身。傳統中國民間信仰透過對天地間萬事萬物的崇拜，祈求風調雨順、平

⑥ 廖迪生：《大澳端午龍舟遊涌》，頁 8。

⑦ 廖迪生：〈從「傳統風俗」到「非物質文化遺產」項目：香港大澳端午節龍舟遊涌活動的適應與變化〉，載胡柱鵬、李向玉、鄭煒明、胡柱鵬編：《中國漁民信俗研究與保護學術研討會論文集》（澳門：澳門理工學院，2013 年），頁 31－41。

⑧ 施仲謀、杜若鴻、鄔翠文編：〈大澳端午龍舟遊涌〉，載《香港傳統文化》（香港：中華書局〔香港〕有限公司，2013 年），頁 21－26。

安康寧，並藉以說明上天會因應人的不同行動而有所回應，大澳端午龍舟遊涌活動亦蘊含有上述的價值內涵。因此，即使已遷往市區居住的大澳居民，每年仍會回大澳參與龍舟遊涌活動。

結語 今時今日的大澳龍舟遊涌，因應社會需要，在一些活動安排上已變得多樣化，並起着促進群體之間聯繫的作用，可見大澳端午龍舟遊涌是一種可持續發展，能把傳統再優化展現的活動，又能保持活動本身的義涵。我們需要政府和民間共同努力協助，才可把這些傳統活動更好地在社區之中活化保留，而不是書本中。

延伸思考

Q1. 大澳位置偏遠，交通不便，端午龍舟遊涌又是一年才舉行一次的活動，在這些條件限制下，應如何增加大眾對這個習俗的接觸機會？

參考資料

施仲謀、杜若鴻、鄔翠文編：〈大澳端午龍舟遊涌〉，載《香港傳統文化》，香港：中華書局〔香港〕有限公司，2013 年，頁 21－26。

陳天權：《香港節慶風俗》，香港：明報出版社，2012 年。

廖迪生：〈從「傳統風俗」到「非物質文化遺產」項目：香港大澳端午節龍舟遊涌活動的適應與變化〉，載胡柱鵬、李向玉、鄭煒明、胡柱鵬編：《中國漁民信俗研究與保護學術研討會論文集》，澳門：澳門理工學院，2013 年，頁 31－41。

＿＿＿＿：〈傳統，認同與資源：香港非物質文化遺產的創造〉，載文潔華編：《香港嘅廣東文化》，香港：商務印書館（香港）有限公司，2014 年。

＿＿＿＿：《大澳端午龍舟遊涌》，香港：香港科技大學華南研究中心，2014 年。

訪問錄

受訪者：廖迪生教授

訪問者：高寶齡、區志堅、張宗澤

訪問日期：2017 年 9 月 26 日

文稿整理：張宗澤、區志堅

受訪者簡介：

廖迪生，香港科技大學人文學部副教授、華南研究中心主任、非物質文化遺產諮詢委員會委員。廖教授是研究南中國及香港社會的文化人類學學者，於香港中文大學獲人類學學士學位，美國匹茲堡大學獲人類學哲學博士學位。廖教授著作甚豐，有《非物質文化遺產與東亞地方社會》、《香港天后崇拜》、《香港地區研究史之二：大澳》（合著）、《何銘思口述史：大時代中一位老香港的足跡》、《風水與文物：香港新界屏山鄧氏稔灣祖墓搬遷事件文獻彙編》（合編）及《文物教育在大澳》（合編）等。

訪問者與受訪者廖迪生教授（中）合照

成為「非物質文化遺產」（以下簡稱「非遺」）須具有哪些要素？

廖迪生：如要成為非物質文化遺產，首先必須要符合聯合國教育、科學及文化組織
《保護非物質文化遺產公約》的要求，並且需要有至少五十年的傳承歷史。
其中一個重要元素，是能為社區和群體提供認同感、凝聚力和持續感，要
將「非遺」的物品、節慶及手工藝術等知識，傳承到下一代，背後延續的
不單是知識技藝，還有當中所呈現的社會群體的身份認同。因此，能世代
相傳，並為社區和群體提供認同感和持續感，是被列入「非遺」項目清單
的最基本元素。

香港本來是沒有「非遺」項目的，香港特別行政區政府之所以要對「非遺」
項目進行保育，是因為中國參加了《保護非物質文化遺產公約》，保護「非
遺」成為一項國家政策，由政府主導，在「一國兩制」的框架下，香港才
開展「非遺」的保育工作。中國的「非遺」名錄體系分為四級，最高一級
屬國家級，其下設省、市、縣級，形成了一個四級的非物質文化遺產名錄
體系。但在「一國兩制」的架構下，香港可以直接向中央政府提出申報國
家級名錄，不需跟隨省、市、縣體系。

香港在制定非物質文化遺產保育的政策時，首先進行了研究，以廣東省的
「非遺」名錄作為參考，再根據《保護非物質文化遺產公約》的內容考慮，
理解「非遺」制度和保育「非遺」方式在香港可能衍生的問題。隨後政府
正式成立「非物質文化遺產諮詢委員會」，進行社會普查，設立非遺辦事
處，終於在 2014 年公佈香港首份涵蓋四百八十個本地項目的非遺清單，
2017 年再公佈「香港非物質文化遺產代表作名錄」的二十個項目。香港起
步雖遲，但所建立的制度和保育方法，與其他國家和城市相比，還算是完
善的。

**大澳端午龍舟遊涌，具有什麼「非遺」的特色？為何一些項目設有「傳承人」，
而大澳端午龍舟遊涌則沒有？**

廖迪生：大澳端午龍舟遊涌具有超過一百年以上的歷史，世代相傳；活動本身與自
然生態環境有密切的關係，亦具有凝聚社區的作用。

它的獨特性與棚屋聚落形態有着密切的關係。大澳有不少的水道，而水道兩旁建造了大大小小的棚屋，龍舟在棚屋間的水道巡遊，別具地方特色，香港其他地方都沒有這類型的傳統風俗。百多年來，大澳的地理環境和漁業經濟支撐着龍舟遊涌活動，龍舟遊涌活動也與地方社區產生互動關係，有着活態傳承的特色。大澳端午龍舟遊涌的其他特質都與聯合國公約的要求貼近。放眼整個中國，現時只有香港擁有這種端午龍舟遊涌。

再者，大澳棚屋的存在，龍舟才可以遊涌。政府對「棚屋」的政策，棚屋居民對「棚屋」的保護、維持環境衛生等等，都會影響到大澳龍舟遊涌的傳承。由此可見，物質文化遺產與非物質文化遺產是有密不可分的關係。

至於傳承人方面，政府曾提議「非遺」項目要申報傳承人，但是部分地方人士不想破壞成員之間的交情，相互發生爭執，故部分「非遺」項目並沒有申報「傳承人」。如大澳端午龍舟遊涌，是由大澳三個傳統漁業行會：扒艇行、合心堂及鮮魚行聯合舉辦，他們不願意指定某個成員為「傳承人」。

此外，香港與內地「非遺」項目的着重點也有所不同。內地的「非遺」項目比較着重表演、工藝性質，也注意商業元素，配合旅遊發展。香港的「非遺」項目則較多關注項目與社區的關係，與社區歷史文化資源、社區凝聚有關，較少考慮商業方面的元素。

在向民眾包括中小學學生推動非物質文化遺產知識上，政府有什麼地方可以再進一步改善？

廖迪生：政府在這方面尚有很多地方可以改善，例如可以考慮在每一區都設立「非遺」項目，而不是集中在某一些區域，這樣既可以促進各區市民有關「非遺」的知識，又可以增加他們對所屬區域的認同感。民間願意自發參與保育「非遺」項目，自能使社區的「非遺」項目持續發展，並凝聚「社區」（community）力量，促進社區共融。但需要注意的是，如果政府以宣傳旅遊的手法推動「非遺」，便會增加其商業色彩，有機會改變該「非遺」項目的本來意義。

此外，政府可以透過教育改變大眾對「非遺」的觀感，例如提供不同類型的「非遺」議題，讓學生和大眾參與討論；亦可以創造機會，讓學生參與「非遺」知識的傳播，幫助「非遺」項目的文化延續和傳承，令大家明白到「非遺」並非想像中「落後」，又可以吸引更多年輕人的參與和關注。

其實政府要把「非遺」推動到社區，可透過教育加強市民對該社區「非遺」項目的認識，使當地社群認同這些「非遺」項目是屬於他們自己的，這樣才可以增加他們的自發性，從而慢慢提升地方的凝聚力，當愈來愈多人參與區內所屬的「非遺」項目，才能培養出社群對所屬社區的歸屬感。其實，香港在這方面的起步已很好了，開始有「非遺」制度，讓保育工作有序進行。

民間怎樣可以配合政府推動「非遺」知識？

廖迪生：其實是要政府配合民間才對，政府應該主動向民間傳播「非遺」知識。「非遺」的傳承有賴社區的推動，「非遺」與社區之間的影響又是相輔相成，民間自發的活動是很重要的，例如大澳端午龍舟遊涌被列入國家級「非遺」，對推動「非遺」知識傳播有很大的幫助。當民間自發性推動「非遺」項目時，過程中會看到政府與民間互相合作、互相幫助的情況，雖然區內也有不少矛盾，最終在各方面的協商及討論下，會解決不少內部衝突，從而衍生出社區認同感。

在四五年前，香港中學的歷史教育本來設有專題研習，不少中學在校本（School Based Assessment）專題研習內設有香港文化傳承的探討（Heritage Studies），可惜早前教育局已取消了中學歷史科的校本評核部分，這對中學生了解及參與地區有關「非遺」項目知識有相當負面的影響。

此外，隨着社區重建，舊日凝聚社區的建築物陸續清拆，在社區生活多年的人士亦需移往其他社區，影響了社區凝聚力。怎樣把昔日的社群帶回已重建的社區，認同所屬社區的「非遺」文化，將是需要重視的研究課題，政府部門需要有一個統籌及長遠規劃。

07 香港潮人盂蘭勝會

林浩琛

　　盂蘭節相傳起源於《佛說盂蘭盆經》中目蓮 ❶ 救母之故事，從五代十國時便出現最早的盂蘭勝會。❷ 早於一百二十年前公和堂已舉辦盂蘭勝會，至上世紀六十至七十年代，由於中國內地政局不穩，不少廣州民眾逃到香港，並將他們的文化風俗大量引進香港，令盂蘭勝會逐漸變成香港重要的民間風俗活動。當中的儀式、佈局均含有中華品德價值的精粹以及傳統的宇宙和宗教觀念。2014 年，香港潮人盂蘭勝會被納入香港非物質文化遺產清單；❸ 2011 年，成功申請為國家級非物質文化遺產代表性項目。及後，香港潮屬社團總會盂蘭勝會保育工作委員會成立，為保育潮人盂蘭勝會進行一系列的保育活動。潮人盂蘭勝會不僅是由來已久的節日活動，更重要的是其背後蘊含的傳統文化。

盂蘭盛會為香港重要的傳統風俗之一（圖片由胡炎松提供）

❶ 梵語 Maudgalyayana，被譯為「目犍連」或「目犍蓮」，簡稱「目連」或「目蓮」。

❷ 葉德平：《盂蘭勝會的「非遺」意義》（未刊稿），2017 盂蘭文化節講座（2017 年 9 月 2 日）。

❸ 陳蒨：《潮籍盂蘭勝會》（香港：中華書局〔香港〕有限公司，2015 年），頁 4。

盂蘭勝會的起源

盂蘭勝會的出現與中國歷史、文化及宗教信仰有莫大關係，經世代流傳才演變為現時的潮人盂蘭勝會。

盂蘭勝會的起源有兩種說法，第一種說法是魏晉南北朝時期，道教提倡「三官」，即天、地、水官的觀念，並將每年農曆七月十五定為中元節，為地官赦罪日，故民間會舉辦勝會，超度祖先和地獄亡魂。❹

另一種說法則更為廣傳，並影響着現代盂蘭勝會的儀式和佈局。這說法指盂蘭勝會起源於印度佛教，「盂蘭盆」意指用盆盛載五味果用作供養佛陀和僧侶，借以超度墮入三惡道的孤魂。❺

及後，《佛說盂蘭盆經》中目蓮救母之故事令盂蘭勝會的起源變得完備。目蓮尊者以六神通見母親墮入餓鬼道，受盡苦難，於是嘗試以法力餵食物予其母，食物卻都被燒為灰燼。苦求佛祖後，佛祖告知每年七月十五日為僧自恣日，以百味五果，供食十方僧眾，藉供養功德和眾僧頌經，超度母親。超度目蓮母親的同時，佛經也為其他的孤魂化解罪孽。目蓮救母之故事蘊含孝道、大愛和佛教功德觀念。❻

唐宋年間，目蓮救母的曲目於民間廣泛流傳，逐漸成為民間節慶。有指此時道教「中元地官節」與佛教盂蘭盆相融成現在的盂蘭節或中元節，❼ 廣州等地的中元節已經完全與盂蘭節相等。❽ 清乾隆時，潮汕地區開始出現以救助現世民眾和超度孤魂的盂蘭勝會，❾ 這種超

---

❹ 胡炎松：《破解盂蘭迷思》（香港：暉德數碼印務，2015年），頁2；區志堅：《香港盂蘭文化與當代社會》（香港：香港潮屬社團總會，2017年），頁3－18。

❺ 陳蒨：《潮籍盂蘭勝會》，頁6。

❻ 胡炎松：《破解盂蘭迷思》，頁3；胡炎松：《2017盂蘭文化節導賞員培訓班》（2017年8月）。

❼ 陳蒨：《潮籍盂蘭勝會》，頁6。

❽ 胡炎松：《2017盂蘭文化節導賞員培訓班》。

❾ 陳蒨：《潮籍盂蘭勝會》，頁7。

現實的宗教儀式活動和現實的慈善活動結合，一直影響着往後盂蘭節的儀式和佈局。

據陳蒨教授的研究，全港至少有五十六個潮人盂蘭勝會，當中二十九個勝會於六十至七十年代開始籌辦，[19] 間接印證出當時正值潮汕人士聚居香港之時，伴隨他們而來的是不少流傳已久的民間風俗。從盂蘭勝會經潮汕人士傳入香港一事可見，潮汕人士抱有世代傳承此文化的「責任心」。潮人盂蘭勝會傳至香港後，對不少潮汕人士聚居之地帶來凝聚鄉親的作用。潮人盂蘭勝會除保留了由五代十國以來不斷演變的文化風俗，並融入香港的文化特色，成為富保育價值的文化遺產。

香港潮人盂蘭勝會於香港傳承和社區的重要性

以下將以九龍城潮僑盂蘭會為例加以說明香港潮人盂蘭勝會與香港社區的關係。九龍城潮僑盂蘭會創於 1967 年，是現存歷史最悠久的盂蘭團體，定期於每年農曆七月舉辦九龍城潮僑街坊盂蘭勝會，屬全港最具規模的大型盂蘭勝會。六十至七十年代，不少人為逃避內地的動盪時局，湧入香港，當中不少潮州同胞選擇搬入處於無政府狀態下的九龍寨城。由於人口急增，以及寨城欠缺完善規劃，城內民眾生活艱苦，每天汲汲營營忙於生計，鄉里情誼漸淡。為增進情誼，敦親睦鄰，當年的創辦人便藉重新承傳盂蘭勝會為由，聯繫親鄰，並成立九龍城潮僑盂蘭會。[11]

當時九龍城的潮汕鄉親較為清貧，而籌辦盂蘭勝會需要大量的金錢和人力，特別是租借地方、佈置場地、添購物資等，

[19] 陳蒨：《潮籍盂蘭勝會》，頁 37。

[11] 區志堅、潘俊恩、林浩琛：《九龍城潮僑盂蘭會成立五十周年特刊》（香港：藝科創意及印刷，2017），頁 19–20。

創辦人可說是出錢出力，歷盡艱辛才能創立九龍城潮僑盂蘭會，並舉行盂蘭勝會。從盂蘭會的守則「濟困扶危，拯孤恤寡。敦親睦鄰，互愛互助」，⑫ 可見盂蘭會成立的目的，是藉舉辦盂蘭勝會，達至敦親睦鄰，救助貧苦鄉眾的效果，更重要是向市民及會眾，傳達孝思及敬長的觀念。不少盂蘭會體恤鄉里苦況，故只以很少的資源舉辦盂蘭勝會，並對儀式和祭品都進行了調整，如會分發牛隻予貧窮家庭，容許貧窮人士搶奪孤魂棚上的祭品，稱為「搶孤」。⑬ 由於生活艱苦，這些舉措都能有效激勵鄉親，乃至傳達互助互愛的美意。這種大愛精神是傳統中國社會的瑰寶，藉盂蘭勝會把中華民族的傳統美德廣傳開去。同時，也從中見到當時潮汕人士的「獅子山精神」，不單刻苦耐勞，更能靈活應變，以最少的資源達致敬神、助人和聯誼三大果效。

盂蘭勝會雖然主要是以祭祀為核心的活動，但當中祭祀先祖、供奉神明的儀式只是一種融合傳統佛道的形式化行為，更重要的是儀式背後對先輩的懷念、尊敬及藉中國傳統宗教保存鄉親情分。「百行孝為先」，一年一度的盂蘭勝會正是通過祭祀先人，教育後人如何盡孝道，侍奉前輩。⑭ 九龍城潮僑街坊盂蘭勝會一直堅持傳承中國傳統的孝思觀念，希望培養青年人以孝為先的優良品德，承傳中國數千年來慎終追遠的文化精粹。

自 1968 年舉辦第一屆盂蘭勝會後，⑮ 九龍城潮僑街坊盂蘭會一直風雨不改，堅持年年繼續舉辦，迄今已有五十年歷史，他們依舊保留最傳統的勝會場地佈置和儀式，堅守中華傳統文化。⑯ 雖然盛會要花上

---

⑫ 同上，封底。

⑬ 胡炎松：《2017 盂蘭文化節導賞員培訓班》。

⑭ 區志堅、潘俊恩、林浩琛：《九龍城潮僑盂蘭會成立五十周年特刊》，頁 20。

⑮ 同上，頁 17。

⑯ 林浩琛：《2017 年九龍城潮僑街坊盂蘭勝會導賞活動》，〈九龍城潮僑街坊盂蘭勝會場地〉（2017 年 9 月 6 日）。

大量人力物力，可幸九龍城居民和店舖大力支持，[17] 每年的「請神」儀式更得九龍城居民和警方協助進行封路，近五百名居民參與請神，成為每年九龍城的重要盛會，[18] 吸引香港各地區的潮汕人士及其後代前來參觀、拜訪，從而凝聚潮汕社群。[19]

潮人盂蘭勝會場地佈局與傳統文化的關係 [20]

傳統盂蘭勝會以佛道融合的方式佈置，設有十個棚，分別為「天地父母神棚」、「神袍棚」、「神功戲棚」、「經師棚」、「米棚」、「馬棚」、「大士台」、「孤魂台」、「附薦台」和「金榜」。

每個棚的佈局稍有不同，但天地父母神棚必定正對神功戲棚，因神功戲是做給神明觀看以作解悶之用。神功戲包括《十仙賀壽》、《跳加冠》等五套有吉祥意味的潮州戲曲，合稱「五福連」。中華文化中講求吉祥福澤，故上演的曲目以象徵吉祥、長壽的《十仙賀壽》作為第一齣的戲曲。[21] 同時，做神功戲給神明觀看，也是一種把神靈人格化的思想，認為神明被「請」到盂蘭勝會的場地，會有沉悶的感覺，故設神功戲解此煩惱。六十至七十年代的香港，潮汕鄉民因生活條件限制，娛樂不多，神功戲成為他們的最大娛樂，鄉親聚首一堂，聯絡情誼。[22]

[17] 區志堅、潘俊恩、林浩琛：《九龍城潮僑盂蘭會成立五十周年特刊》，頁 72－91。

[18] 〈龍城潮僑盂蘭會下月辦巡遊〉，《文匯報》（2017 年 8 月 30 日）；林浩琛：《2017 年九龍城潮僑街坊盂蘭勝會導賞活動》。

[19] 林浩琛：《2017 年九龍城潮僑街坊盂蘭勝會導賞活動》

[20] 有關盂蘭勝會場地佈局的詳細情況可參閱陳蒨：《潮籍盂蘭勝會》，頁 55－99；及胡炎松：《破解盂蘭迷思》，頁 11－20。

[21] 胡炎松：《破解盂蘭迷思》，頁 11－14。

[22] 同上，頁 14。

「經師棚」、「神袍棚」、「孤魂台」則為進行各種佛道儀式的地方，為莊嚴之處，傳統佛教思想認為佈置應該相對應，故神明和孤魂就能透過經師頌經和各項儀式附靈於佈置之上，繼而進行對應的儀式。如孤魂台上設有幢幡，是為孤魂引路，以及方便人們施食予孤魂。經師棚則取自目蓮救母故事中十方僧眾為孤魂頌經的情節，後來演化成盂蘭勝會中進行重要法事的場地，如施食予孤魂的「放焰口」儀式即在經師棚內進行。㉓ 盂蘭勝會將目蓮救母的故事演化，配合着不同的儀式進行祭祀和祈福，務求使民眾得到「心安」的感覺。

盂蘭節有為孤魂超度的儀式（相片由胡炎松提供）

㉓ 胡炎松：《2017 盂蘭文化節導賞員培訓班》；胡炎松：《破解盂蘭迷思》，頁 11–14、17。

盂蘭勝會謝佛散旗儀式（圖片由胡炎松提供）

「大士台」有一「大士王」，為觀音菩薩的化身，青面獠牙雙目猙獰，負責監壇施食，管理從陰間到陽間的孤魂。青面獠牙雙目猙獰的形象是為了營造莊嚴、威武的形象，[24] 筆者猜測，採用青面是因受京劇中淨角淡青色臉譜影響，淡青色臉譜多用作神明、正直和忠義的象徵，如《臥牛山》、《單刀會》中的周倉。

「附薦台」可謂是目蓮救母故事的轉化，潮汕鄉親把先人的名字附薦於附薦台，一同接受經師誦經超度，令先人能如目蓮母親一樣，早日脫離惡道。即使先人沒有墮入惡道，也可藉此為先祖做功德和供奉。這可見潮汕人士的孝思觀念濃厚，在盂蘭節更要特設一處供奉先祖。孝思觀念正是盂蘭節的根源，也是現代潮人盂蘭勝會的重要一環。

「米棚」中的貢品如甜飯山、包山等均是為敬孤魂而設，經師會為貢品頌經。「放焰口」儀式時，貢品會移至孤魂台，孤魂會進食貢品的靈氣。六七十年代，不少人生活困苦，故盂蘭勝會於「放焰口」儀式後，容許人民搶奪孤魂台的貢品，慢慢「搶孤」成為潮人盂蘭勝會的一大特色。從敬拜超自然的孤魂到照顧現實生活中的貧苦大眾，盂蘭勝會後來更發展至接受鄉眾捐贈牲畜等物品，以救助同鄉。鄉眾捐贈盂蘭勝會也能獲盂蘭功德，可以說是一種功德迴向，希望未來輪迴時能有好結果。[25]

從潮人盂蘭勝會的佈局，可以看到香港潮汕社群因傳統觀念和時局形勢而形成的獨有格局，勝會更蘊含大量傳統文化內涵如功德迴向、孝道、大愛精神等，極具保育價值。

[24] 胡炎松：《2017 盂蘭文化節導賞員培訓班》；區志堅：《香港盂蘭文化與當代社會》，頁 32－37。
[25] 胡炎松：《破解盂蘭迷思》，頁 18；陳蒨：《潮籍盂蘭勝會》，頁 87－92。

近人傳承

正因潮人盂蘭勝會保留了大量的傳統文化和歷史，2011年潮人盂蘭勝會成功列入國家級非物質文化遺產代表性項目名錄。是年7月，香港潮屬社團總會盂蘭勝會保育工作委員會成立，為保育潮人盂蘭勝會進行一系列的保育活動，當中以盂蘭文化節最為盛大。盂蘭文化節由2015年開始，每年舉辦，透過有趣的活動介紹潮人盂蘭勝會中的傳統文化精粹。例如搶孤競賽，㉖ 希望更多的民眾能消除對潮人盂蘭勝會的誤解，解除恐懼感，重新認識這歷史悠久、極具文化和時代特色的活動。

盂蘭文化節中的「搶孤」活動（圖片由胡炎松提供）

㉖ 胡炎松：《2017 盂蘭文化節導賞員培訓班》；香港潮屬社團總會：《2017 盂蘭文化節通告》（2017 年 8 月）。

結語 潮人盂蘭勝會 2011 年成功申請為國家非物質文化遺產代表性項目名錄。其歷史可追溯至南北朝時代，蘊含大量中華文化，如孝道和大愛精神。再者，潮人盂蘭勝會自六十至七十年代傳至香港，近年規模雖不如以往，但一直由潮汕人士擔當主導角色並傳承至今；勝會反映着香港當時的環境和潮汕人士的刻苦精神。更重要的是，時至今日，潮人盂蘭勝會仍是居港潮汕人士每年的重要節日，各區的潮汕鄉親互相協助，這份情誼正是香港人珍惜的「人情味」。我們希望盂蘭文化節可令更多人關注盂蘭勝會，達至世代傳承的果效。

延伸思考

Q1. 為何在香港西方鬼節（Halloween）會比盂蘭節盛行呢？

Q2. 如何藉着潮人盂蘭勝會令人們重新重視中國傳統精神，如功德觀念，孝道觀念？

參考資料

林浩琛：《2017 年九龍城潮僑街坊盂蘭勝會導賞活動》「九龍城潮僑街坊盂蘭勝會場地」，2017 年 9 月 6 日。

胡炎松：《2017 盂蘭文化節導賞員培訓班》，2017 年 8 月。

————：《破解盂蘭迷思》，香港：暉德數碼印務，2015 年。

香港潮屬社團總會：《2017 盂蘭文化節通告》，2017 年 8 月。

區志堅：《香港盂蘭文化與當代社會》，香港，香港潮屬社團總會，2017 年。

————、潘俊恩、林浩琛：《九龍城潮僑盂蘭會成立五十周年特刊》，香港：藝科創意及印刷，2017 年。

陳蒨：《潮籍盂蘭勝會》，香港：中華書局〔香港〕有限公司，2015 年。

葉德平：《盂蘭勝會的「非遺」意義》（未刊稿），2017 盂蘭文化節講座，2017 年 9 月 2 日。

〈龍城潮僑盂蘭會下月辦巡遊〉，《文匯報》，2017 年 8 月 30 日。

訪問錄

受訪者：胡炎松會董

訪問者：林浩琛

訪問日期：2017 年 9 月 30 日

稿件整理：區志堅、林浩琛

受訪者簡介：

胡炎松，現為香港潮屬社團總會會董、長春社文化古蹟資源中心秘書長、西貢區潮僑街坊盂蘭勝會理事。自小跟從父親學習大量潮汕文化，特別是盂蘭文化。一直積極參與傳承盂蘭文化的活動，並自 2015 年盂蘭文化節開始舉辦便任總統籌至今，對潮人盂蘭勝會的傳承貢獻良多。

訪問者與受訪者胡炎松會董（左）合照

「非物質文化遺產」的設立目的是什麼？

胡炎松：2003 年聯合國教科文組織訂立了有關非物質文化遺產的公約，隨後訂立出
　　　　國家級非物質文化遺產，這對傳統的節慶文化和技藝作用極大。以潮人盂
　　　　蘭勝會為例，以往盂蘭勝會只會讓人覺得是基層的活動，也覺得是迷信的
　　　　文化。但自從 2011 年潮人盂蘭勝會被列入國家級非物質文化遺產代表性項
　　　　目名錄後，即開始受到社會各界的關注，亦提升了盂蘭勝會在社會上的地
　　　　位。以往的文化多以世代單傳或師徒制傳承，隨着時代轉變，以往的傳承

方式不再見效，幸好有「非物質文化遺產」設立，保育並記錄了大量碩果僅存的傳統文化。

為何您會致力參與社區各項有關文化保育的活動呢？

胡炎松：我參與這些活動事實上講求天時地利的配合，首先，我自小對傳統文化相當感興趣，加上在香港成長時多接觸傳統文化，特別是盂蘭勝會。同時以往經常與父親到潮汕地區，無形中吸收了不少中國傳統文化，特別是潮汕地區的文化，這些知識蘊藏於腦海中，當成為潮屬社團青年委員會文化部副主任後，發現以往累積的知識起了相當大的作用。同時年輕之時努力工作，近年事業開始穩定，家庭和生活壓力相對減輕，希望回饋社會，於是投放更多時間精力到社區服務。我擔任潮屬社團青年委員會文化部副主任時，籌辦了各式各樣的活動，這些活動經驗令我開始懂得如何以生動、跟上潮流和具系統性的方法來演繹傳統文化，承蒙潮屬社團總會的重視，大部分有關傳統文化的活動都會讓我出一分力。

政府在保育「非物質文化遺產」的工作上有沒有需要優化的地方呢？

胡炎松：政府投入了相當多資源宣傳各項非物質文化遺產，但在實際傳承和活動舉辦的支援上則有所不足。香港特區政府成立了非物質文化遺產辦事處後大肆宣傳，但在具體推廣和傳承時卻面對不少的問題。以盂蘭勝會為例，以往盂蘭勝會多以竹棚在各區球場搭建，但曾因劃花了球場的綠色保護物料而需要大額賠償，令各區的籌辦者對使用竹棚搭建有所戒心，改以鐵棚搭建，如長沙灣盂蘭勝會即打算改以鐵棚免去有關煩惱。當然，康文署職員依條例辦事是正確的，但有關的球場條例對這些傳統活動未有諒解和彈性處理，促使一些非物質文化遺產中的細節被取替，例如竹棚搭建技術因而被加速消失於城市中。正因一些僵化的條例，令一些傳統文化活動在傳承和舉辦時面對不少阻力。盼望政府能擔當主導角色，增加非物質文化遺產辦事處的權責，藉以協調各個政府部門，從而減少傳承上的阻力。

現時潮人盂蘭勝會為何不如以往盛行呢？

胡炎松：一般人普遍認為是資金問題、人手問題，組織者年老化也是傳承上最大問
題。但若我們深入探討可見，種種問題皆源自社會發展。社會已脫離了
以往的貧困、瘟疫等問題，現在人們面對的問題與以往的不一樣，故「社
會不需要」才是盂蘭勝會衰弱的根本原因。但不是說盂蘭勝會沒有價值，
而是群眾未知盂蘭勝會背後所承載的核心價值，包括：孝思觀念、大愛觀
念、祈福觀念等。假設參與盂蘭勝會能有助年輕人解決房屋問題，相信很
多年輕一代會立刻參與。每項文化均會隨時代演變，只是暫時所保留下來
的盂蘭勝會未有太大改變。

**盂蘭文化節可謂是抽取潮人盂蘭勝會的精粹而成，並大受歡迎，這會否對盂蘭勝
會的傳承有助益呢？**

胡炎松：當然有很大幫助。首先，人們能夠透過盂蘭文化節的不同活動接觸並了解
盂蘭勝會的精粹，藉此喚起大眾的關注。同時與大學、中學合作，如讓大
學生充當導賞員和讓中學生參與工作坊，希望年輕一代能夠對盂蘭文化有
所理解，進而吸引部分的學生參與傳統盂蘭勝會。當然是否能夠令年輕人
持續參與並非一朝一夕的事，至少現時多了人參與。而傳承的延續性是關
鍵所在，故香港潮屬社團總會出版了有關盂蘭勝會的教材，更到路德會呂
明才中學舉辦小型的盂蘭文化節。這些舉措均是希望從不同的途徑傳承盂
蘭文化，提高傳承的延續性。

潮人盂蘭勝會可以從哪些方面進一步傳承呢？

胡炎松：一項傳統文化可以長久傳承必須多元發展，傳統潮人盂蘭勝會可以開放族
群，如現時的西貢區盂蘭勝會從以往的西貢潮僑街坊盂蘭勝會易名而來。
香港不單只有潮汕人有籌辦盂蘭勝會，海陸豐、客家人亦有舉辦盂蘭勝
會。現時西貢區盂蘭勝會開始出現客家人參與，如洋人對盂蘭文化有所了

解，又願意參與其中，該會也歡迎他們加入。此外，我們可以嘗試聯合各族群各社區共同推出一些合作計劃，如文化旅遊等。中國文化一向受外籍人士歡迎，若有相關的合作自然有更多人願意投入活動之中。

九龍城潮僑街坊的盂蘭勝會（相片由胡炎松提供）

08 中秋節—— 大坑舞火龍

楊家樂

　　每年農曆八月十四至十六日，中秋節前後三晚，位於香港島的大坑都會舉行盛大的「舞火龍」慶典。相傳舞火龍原為了驅散大坑的瘟疫，其後則逐漸變成香港獨特的風俗，至今已擁有超過百年歷史。盛會當日，大坑會有接近二百至三百人合力舞動着一條長六十七米、插着過萬枝線香的草製火龍穿梭於大街小巷，好不壯觀。因此，每年中秋，大坑就會變得熙來攘往、摩肩接踵，許多中外遊客都會到場觀看，傳媒亦會爭相採訪，報道熱鬧的情況。大坑舞火龍在 2011 年被列入第三批國家級非物質文化遺產代表性項目名錄，令此項本土傳統文化更受到社會大眾的關注。

大坑舞火龍為香港中秋節的重要慶典之一（圖片由伍婉婷提供）

大坑舞火龍起源

　　大坑舞火龍始於 1880 年的中秋前夕，當時大坑村受風災影響，居民損失慘重，其後村內更出現一條大蟒蛇，村民合力把牠擊斃後，將蛇屍抬到警署。翌日，大蟒蛇的屍體竟然不翼而飛，不久後更發生大瘟疫，死傷無數，對此村民束手無策。❶ 後來，有村中長老獲得菩薩報夢，說只要村民於農曆八月十四至十六日，即是中秋節的迎月、賞月及追月一連三晚，在村內舞動火龍遊行並同時燃燒爆竹，便可以驅散瘟疫以保平安。❷ 實際由於火龍插滿線香，再加上不斷燃點爆竹，故火龍經過之處充滿硫磺火藥味，可將蛇蟲鼠蟻趕走，使瘟疫不再蔓延。❸ 自始，大坑村每年中秋前後三日都會進行舞火龍慶典，以福佑全村的村民。時至今日，大坑舞火龍已成為香港中秋節的盛事，每年都吸引大批遊客觀看，聞名中外。

火龍的紮作過程

　　龍，是中國傳說的神獸，代表帝王、吉祥及威武，可謂是中國歷來地位最崇高的動物。舞龍是中國不少地方的習俗，而大坑舞火龍最大的特色是其所舞動的是長達六十七米、龍身充滿香火的「火龍」。❹

　　紮作大坑火龍的過程十分複雜，除了成本高昂之外，亦需要大量的人手，對村民的耐性及手工藝技巧的要求均極高。由於火龍主要由線香、乾草組成，材料屬易碎、易散類型。但大坑火龍在被舞動多天後仍然保持完整無缺，當中的關鍵全靠「珍珠草」。❺ 一般的水草乾後會收縮，而雜草則易碎，但珍珠草卻富有彈性和堅韌，不易折

❶ 駱思嘉：《香港樂活節氣文化》（香港：知出版社，2015 年），頁 179。

❷ 施仲謀、杜若鴻、鄔翠文編：《香港傳統文化》（香港：中華書局〔香港〕有限公司，2013 年），頁 32。

❸〈大坑舞火龍 2017〉，擷取自 Timable 網頁 http://timable.com/event/1343778。

❹ 施仲謀、杜若鴻、鄔翠文編：《香港傳統文化》，頁 33。

❺ 同上。

斷，⑥ 因此大坑坊眾福利會每年都會從內地訂購大量的珍珠草用來紮作火龍，連同其他物料，成本十分昂貴。⑦

火龍的結構非常複雜，整體來說可分成龍頭和龍身兩個部分：火龍的龍頭用料繁多，需要先以粗籐條屈成龍頭骨架，再以珍珠草包紮，兩支電筒作為一雙龍眼，龍牙則由非常尖銳的鋸齒形鋼片製成，以榕樹氣根製成龍鬚，舌頭則是漆紅的木片或鋼片，⑧ 整個龍頭接近八十多斤重。⑨ 在祭祀儀式後，龍頭會繫上紙紮裝飾及紅絲帶，而引龍用的龍珠則是用沙田柚 ⑩ 包上珍珠草製成。

龍身用料相對簡單，但製作過程同樣非常考功夫。龍骨由粗麻繩紮成，再以鐵線及珍珠草包紮。⑪ 由於火龍需要插上大量線香，因此紮草時需要注意力度，過緊會令空隙太小，沒有位置插香；⑫ 相反過鬆則會令空隙太大，線香會插不穩。⑬ 龍身分成三十二節，每一節要有一根竹竿，讓各個健兒支撐及舞動火龍。經過以上的繁複過程，火龍便正式誕生，紮作好的火龍會放在大坑坊眾福利會的會堂，直至中秋節的來臨。

舞火龍盛會

農曆八月十四日，晚上七時，大坑坊眾福利會所有成員會聯同社會各界嘉賓及社區領袖等先到蓮花宮拜觀音、上香、點睛、簪花

---

⑥ 同上。

⑦ 陳天權：《香港節慶風俗》（香港：明報出版社，2012 年），頁 42。

⑧ 同上，頁 39。

⑨ 何耀生：《香港非物質文化遺產 —— 風俗傳承》（香港：明報出版社，2015 年），頁 25。

⑩ 梁炳華主編：《香港風俗之旅：以區為本考風問俗專題研究報告》（香港：中國歷史教育學會，2002 年），頁 30。

⑪ 同上。

⑫〈大坑火龍，紮草製作〉，擷取自 Weshare 網頁 http://weshare.hk/mozmolj/articles/1800398。

⑬ 同上。

和掛紅，為火龍開光，並祝願百姓平安，而開光時只有龍頭會帶入廟內。⑭ 其後，眾人便把一枝枝的長壽香插滿整條草龍，火光閃爍得猶如火龍活現在眼前。除此之外，大會還要邀請嘉賓致辭、剪綵，而主持人必須是客家人，並要用客家話進行整個稟神過程，⑮ 可謂充滿地區族群的色彩，所有儀式完成後便會開始準備「舞火龍」。

鼓聲一響，標誌着大坑舞火龍正式開始，全場頓時熱血沸騰，充滿歡呼聲，超過一百位健兒舞動着長達六十七米的火龍，在大坑的大街小巷中穿梭。舞火龍的路線受到嚴格規定，首兩晚火龍會圍繞大坑一圈，途徑浣紗街、京街、新村街等，最後會返到浣紗街拔香和重新插香。⑯ 拔香儀式中會讓居民及遊客取香，因為他們相信火龍的香燭會帶來平安。儀式過後便在浣紗街一直舞龍至晚上約十時三十分。最後一晚的追月夜，火龍則會逆時針圍繞大坑，代表行大運、保平安。⑰

傳統上，最後一晚舞龍過後火龍會被送到銅鑼灣避風塘，進行最後的儀式「龍歸天」。⑱ 大會到時會舉行祭祀儀式，其後將整條火龍送到海中，寓意將所有不祥 ⑲ 帶走。近年，由於環保政策的限制，為免火龍污染海水，現在都會用貨車送至焚化爐，⑳ 寓意「飛龍升天」。最後，大會會派發「龍餅」㉑ 予舞龍的健兒，祝福大家衣食豐足。

---

⑭ 施仲謀、杜若鴻、鄔翠文編：《香港傳統文化》，頁 34。
⑮ 同上。
⑯〈「大坑．薄扶林村賞火龍」中秋舞火龍 6 看點〉，《明報》（2017 年 10 月 2 日），擷取自網頁 https://ol.mingpao.com/php/hotpick3.php?nodeid=1506161366670&issue=20171002。
⑰ 施仲謀、杜若鴻、鄔翠文編：《香港傳統文化》，頁 35。
⑱ 駱思嘉：《香港樂活節氣文化》，頁 179。
⑲ 最初是寓意「帶走瘟疫」。
⑳ 鍾寶賢：《商城故事 —— 銅鑼灣百年變遷》（香港：中華書局〔香港〕有限公司，2009 年），頁 61。
㉑ 如老婆餅、棋子餅、合桃酥等。

大坑舞火龍由農曆八月十四至十六連續三晚舉行（圖片由伍婉婷提供）

大坑舞火龍與社區凝聚

　　舞火龍除了是傳統風俗外，還有凝聚居民、鞏固社區的作用。雖然大坑一帶今日已經演變為現代化社區，從傳統的村落漸漸發展成一幢幢的石屎磚牆樓房；然而，大坑多年來始終不變的是人情味，為冷漠的現代生活添上豐富色彩。例如，負責舞火龍的居民會一早派發傳單，邀請新搬入的街坊，㉒尤其是年輕人，一同參與舞火龍盛事，居民反應熱烈。由是，新舊街坊便可透過舞火龍從互不相識開始變得熟稔，即使未必能成為好友，至少在街上遇見時也會微笑點頭，打破隔膜。此外，有些離港已久的大坑居民亦會特別回來參加此盛事，他們認為自己既然是大坑人出身，就有保存這個地區傳統文化的責任，㉓五湖四海的人都回港，參與盛典，讓火龍在大坑的大街小巷中飛舞。

來自社會各界的嘉賓參與大坑舞火龍儀式（圖片由伍婉婷提供）

㉒ 施仲謀、杜若鴻、鄔翠文編：《香港傳統文化》，頁 36。
㉓ 同上。

結語 中秋節 —— 大坑舞火龍歷史悠久，當中包含紮作工藝，又有舞火龍的獨特傳統技藝，近年成為香港其中一個重要節慶活動，每每凝聚區內居民，令此傳統風俗得以保留。

延伸思考

Q1. 為何大坑所舞的是「火」龍而不是普通的龍或水龍？

Q2. 如何吸引更多年輕人參與舞火龍？

Q3. 大坑舞火龍與薄扶林村的舞火龍有何不同？

參考資料

〈「大坑・薄扶林村賞火龍」中秋舞火龍 6 看點〉，《明報》，2017 年 10 月 2 日，擷取自網頁 https://ol.mingpao.com/php/hotpick3.php?nodeid=1506 161366670&issue=20171002。

〈大坑火龍，紮草製作〉，擷取自 Weshare 網頁 http://weshare.hk/mozmolj/ articles/1800398。

〈大坑舞火龍〉，擷取自「攝影研究所」網頁 http://www.imagejoy.com/ article.php?id=63。

〈大坑舞火龍 2017〉，擷取自 Timable 網頁 http://timable.com/event/1343778。

何耀生：《香港非物質文化遺產 —— 風俗傳承》，香港：明報出版社，2015 年。

施仲謀、杜若鴻、鄔翠文編：《香港傳統文化》，香港：中華書局〔香港〕有限公司，2013 年。

梁炳華主編：《香港風俗之旅：以區為本考風問俗專題研究報告》，香港：中國歷史教育學會，2002 年。

陳天權：《香港節慶風俗》，香港：明報出版社，2012 年。

駱思嘉：《香港樂活節氣文化》，香港：知出版社，2015 年。

鍾寶賢：《商城故事 —— 銅鑼灣百年變遷》，香港：中華書局〔香港〕有限公司，2009 年。

訪問錄

受訪者：陳德輝先生
訪問者：高寶齡、伍婉婷、邱威納
訪問日期：2017 年 10 月 20 日
文稿整理：邱威納

受訪者簡介：

陳德輝，大坑坊眾福利會、大坑舞火龍總指揮，現為國家認可的非物質文化遺產（舞火龍）的傳承人。

訪問者與受訪者陳德輝先生（中）合照

香港特區政府推廣「非物質文化遺產」知識是否成功？

陳德輝：政府對於「非物質文化遺產」的知識推廣仍然位處起步階段，故此成功與否仍是未知數。

政府能夠如何推動和配合大坑舞火龍這類「非物質文化遺產」？

陳德輝：就舞火龍的情況而言，推廣一個傳統活動需要一個適當的場地配合。我認為政府可以修建看台以便觀眾觀看，因為從高處往下欣賞舞火龍，效果更

佳；舞火龍時需要漆黑的環境，才能使整條火龍更奪目耀眼，如果政府能夠在舞火龍期間暫時關掉附近的街燈，也是能夠配合我們的做法之一。此外，如果政府的某些部門願意與我們協調配合，多作溝通的話，將更有利於我們的發展。

您是如何獲挑選成為傳承人？您認為傳承人需要具備什麼條件？

陳德輝：我認為傳承人的條件是願意全心全意投入舞火龍事宜。回想當年，老一輩的師傅在「飲茶」的時候表示要把舞火龍的傳承人之位傳給我，我便從1997年起正式接任。2011年，大坑舞火龍成為國家級非物質文化遺產代表性項目，2012年，我成為國家文化部指定的大坑舞火龍的傳承人。2013年6月6日，我們在中央圖書館正式接受了國家級非物質文化遺產傳承人的證書。現時我是本港唯一一位國家級非物質文化遺產的傳承人。

為何大坑與其他中國地區不同，所舞的是「火龍」而非其他的龍，例如水龍？

陳德輝：舞火龍是為了消除村內的疫症。當時大莽蛇隨颱風來到本村，村民合力打死牠後，移交警署。翌日蛇屍卻無故消失。伴隨蛇屍的消失，村內有很多青少年離世。後來菩薩托夢給村中的一位前輩，並教導他以舞火龍的方法化解。舞火龍之所以行之有效，撇除宗教因素以外，這是有科學根據的。因為火龍插滿長壽香，加上舞火龍期間會燒爆竹，爆竹含有殺菌作用的硫磺，有助驅趕蛇蟲鼠蟻，預防瘟疫。由於舞火龍起了平安的作用，所以這個傳統習俗一直延續至今。

大坑舞火龍與薄扶林舞火龍有何不同？

陳德輝：無論是火龍的長度、規模、外表、製造方法和舞火龍的技巧，兩者均有不同。大坑的火龍長達二百四十英尺，整條火龍包含龍珠、龍頭、龍身和龍尾。龍身加龍尾是由三十二枝竹所造，薄扶林的火龍相對較短。此外，大坑已作制度化發展，設有領隊、教練、指揮、各組組長及一眾委員籌劃和進行舞火龍事宜，務求更具規模及完備。

請問舞火龍有沒有隨着歷史而演變，例如改變了規模、火龍設計、舞動的路程及時間？

陳德輝：整體而言沒有大改變，最主要是規模擴充了，分工更加分明。以往我們只得靠自己，統籌向居民籌錢，所以能夠動用的資金有限。近年，我們得到賽馬會的慈善信託基金、灣仔區議會的贊助和旅發局協助宣傳推廣，舞火龍規模於是變得更大，場地佈置更為完善。隊伍各司其職，職能分明：龍珠組組長負責拆香，龍頭組組長和教練則指揮拆香；總組長帶四至五位組長（龍身分八組）幫忙插香；組員幫忙燒香和遞香。在 1984 年，我們只有十二個雲燈，現已增添到二十六個。以前沒有燒爆竹，現在則有。在我父親的年代，舞龍的健兒是不穿上衣的；及後健兒們分別在不同時期穿文化恤（圓領 T 恤）和背心，近年又改回穿文化恤。以往女性是不允許參與舞火龍的，我以前曾經見過有女性混進舞火龍的隊伍中時，被組長和舞龍的人驅趕，因為我們的習俗向來是不允許女性參與，即使到了現在，女性也只能參與音樂組，負責打鑼鼓，或是到燈組幫忙。早年甚至不允許女性入廟，連女記者也被拒諸門外，後來才逐一解禁給女性入廟觀看儀式進行。

09 黃大仙信俗

陳健宇

黃大仙信俗源自黃初平叱石成羊後修煉成仙，早於東晉年間便有第一間道觀赤松宮的出現，隨時局發展，於明代傳至廣東，更於民國初年由梁仁庵道士傳到香港，以贈醫施藥和「有求必應」吸引大量信眾。黃大仙信俗發展至今，已經成為香港極為重要的宗教信仰，其中最大的黃大仙信俗團體嗇色園，更成為了香港重要的慈善機構。

黃大仙的牌坊上刻有黃大仙信俗的起源（圖片由林嘉曜提供）

黃大仙信俗的起源

黃大仙原名為黃初平，又名赤松子、赤松黃大仙，生於東晉金華縣，據黃大仙師自述，仙師八歲時開始於浙江省金華縣北部的赤松山一帶牧羊。❶《神仙傳》中指他十五歲巧遇一位仙翁，於赤松山金華洞內修煉四十年成仙。❷ 其兄黃初起聽從道士善卜指點才得以跟仙師相聚，當兄長詢問羊群下落時，仙師帶領他到山崗的東面，用手指着遠方，大叫，即叱，眼前的白石突然變成羊群，黃初起因而與初平共修成仙。因仙師隱於赤松山，故有赤松黃大仙之稱。

據《金華赤松山志》，赤松宮早於東晉時落成。赤松宮在宋真宗大中祥符元年（1008年）奉詔更名「寶積觀」。黃大仙於宋孝宗淳熙十六年因「汲井愈〔癒〕疾」而有「救人之功」，被封為「養素真人」，及後宋理宗景定三年（1262年）更因「祈晴祈雨」和「隨感隨通」等被封「養素淨正真人」。明朝時，黃大仙的信仰傳至廣東一帶，當地人把新會縣的羊石坑附以叱石成羊的典故而改稱為叱石岩。當地石多如羊，於《初登叱石巖詩》中明確指出易名一事：「一派青山儼畫圖，山名羊石舊相呼。初平仙去誰還叱，居士今來趣更殊。」❸

可見有關易名的故事，更可知為何明代會有叱石寺的出現。隨後於清朝之時分別有普濟壇、普慶壇、普化壇的設立，是當時黃大仙信俗於廣州傳承最重要的道觀。而相傳於1897年玉帝命黃大仙在番禺的一個扶乩活動中顯靈，自此赤松黃大仙之名在廣州廣泛流傳，漸成

❶ 吳麗珍：《香港黃大仙》（香港：三聯書店〔香港〕有限公司，2012年），頁20。
❷ 周樹佳：《香港諸神——起源、廟宇與崇拜》（香港：商務印書館〔香港〕有限公司，2009年），頁43。
❸ 吳麗珍：《香港黃大仙》，頁33。

廣州宗教信仰的重要一環。❹

　　黃大仙信俗最早出現於香港，有賴普慶壇的創辦人梁仁庵開創嗇色園。他指受到黃大仙降乩啟示，故遷離廣州，1915 年輾轉來到香港，❺ 獲不少富翁僧侶的支持，故 1921 年創建嗇色園，直到今天香港的黃大仙信俗依然以嗇色園作為核心。

　　及後，大量內地人湧至香港並聚居於九龍區，因黃大仙信俗如嗇色園強調普濟廣施的重要性，故令嗇色園贈藥數量急增，由 1956 年的六萬二千一百劑升至 1965 年的十六萬七千五百劑。但這段時間也吸引更多人捐款，由 1956 年的約七萬元急升至 1965 年的十六萬元，可見黃大仙信俗開始受人重視，地位漸漸提高。❻

黃大仙信俗的特色

　　黃大仙信俗的特色可以分為儀式和思想兩方面。先論儀式特色，嗇色園與全港黃大仙道堂均以畫像代替塑像，因梁仁庵到港時廣州戰亂，❼ 圖求方便以畫替像。但正因時局所限的美麗錯誤，形成香港黃大仙信俗以畫代像的特色，甚至嗇色園內其他的神仙均一律畫像代替塑像。畫像主要可分為四種：分別是最初嗇色園內的畫像、元清閣殿正殿的黃大仙自畫像、坊間流行的畫像和近年新繪的黃大仙畫像。

❹ 同上，頁 30-39。

❺ 周樹佳：《香港諸神 —— 起源、廟宇與崇拜》，頁 43。

❻ 王賡武：《香港史新編》（增訂版）（香港：三聯書店〔香港〕有限公司，2016 年），頁 901；危丁明：《香江顯迹：嗇色園歷史與黃大仙信仰》（香港：嗇色園，2006 年），頁 101。

❼ 志賀市子著、宋軍譯：《香港道教與扶乩信仰：歷史與認同》（香港：香港中文大學出版社，2013 年），頁 212。

坊間流行的黃大仙畫像

近年新繪的黃大仙畫像

其次，黃大仙信俗中扶乩是重要一環，據《驚迷夢》中記載黃大仙曾於扶乩活動中顯靈，令不少人開始信奉。及後開始發展為黃大仙信俗的儀式活動。扶乩分為單人乩和雙人乩，單人乩簡單來說是神靈降乩於乩手身上，並用乩筆就信眾詢問的問題，寫出「神旨」；雙人乩則設有左鸞司，為主乩手；右鸞司，為副乩手，作用一樣。嗇色園和華松仙館採用單人乩，而元清閣則用雙人乩。由於黃大仙降乩往往即問即答，相當靈驗，以及當時社會環境惡劣，瘟疫盛行，人們往往問求藥方。慢慢演變至所有喜慶事情包括動土、建祀等均要通過扶乩斷好壞和選日子。❽ 又因人手不足和能通靈之人不多，嗇色園於 1970年代停止了扶乩的活動，信眾改以抽靈簽。❿

❽ 吳麗珍：《香港黃大仙》，頁 91－94；危丁明：《香江顯迹：嗇色園歷史與黃大仙信仰》，頁 105。
❿ 吳麗珍：《香港黃大仙》，頁 96。

　　黃大仙降乩抽靈簽也非常靈驗，《古本註解黃大仙靈簽》、《黃大仙良方》等書籍更成為一時的流行讀物，解簽的行業相繼出現。最初因廣東的瘟疫令人束手無策，故黃大仙祠開始可以求藥簽，除了黃大仙指引如何除病外，更重要是為信眾提供心靈寄托。當中藥簽的概念與中國傳統道教中的符籙派非常相似，目的均是為了治病，也憑藉治病吸引了信眾。⓫ 及後有關的求簽過程有所蛻變，開始演變為以一百首詩代表黃大仙的語錄，信眾在一百支簽中求得一支代表叩問的答案。以簽文解答信眾的疑惑，這種方式極受歡迎，時至今天依舊為黃大仙信俗的重要環節，甚至已經成為香港旅遊文化的特色活動。⓬

　　事實上，眾多的儀式均以黃大仙信俗中的核心價值 ──「普濟勸善」有關。雖說黃大仙有求必應，但據《驚迷夢》指出黃大仙之有求必應是基於所求之事是能夠拯救眾生或導人向善，而不能是貪婪的要求。不論是扶乩，還是抽靈簽均是為了讓受苦難或迷茫的信眾獲得解決方法。以嗇色園為例，嗇色園素來設有由普慶壇、普濟壇和普化壇所合辦的藥局，香港被日軍攻陷之時，嗇色園雖停辦藥局，但依舊贈醫施藥。1942 年，到嗇色園求藥方者可憑藥方到九龍城仁生堂或澤民藥局免費領藥。及後，隨着時代轉變與西醫合作，於 1980 年建成中西醫藥局，提供中醫贈診、西醫診症、配藥等服務，並成立「嗇色園醫藥基金會」，令中西醫藥局達至可持續發展的現代營運模式。

　　勸善也是黃大仙信俗的另一重點，勸善事實上很難，更是黃大仙信俗的最後導向，各道壇會刊行各式各樣的勸善書籍。當中包含各種的詩文、教義、事跡等，以教義導人向善。⓭

⓫ 同上，頁 115－121。

⓬ 同上，頁 123。

⓭ 危丁明：《香江顯迹：嗇色園歷史與黃大仙信仰》，頁 79－81；區志堅：〈求籤要誠，解籤要靈：《保生大帝靈籤》與《黃大仙靈籤》表述「保生」概念〉，宣讀論文（金門：金門大學文學院主辦「世界保生大帝信仰學術研討會」10 月 18－22 日舉行）。

黃大仙祠常年都吸引無數善信到來膜拜（圖片由林嘉曜提供）

黃大仙信俗的傳承 ── 嗇色園

　　黃大仙信俗與其他的非物質文化遺產不同，黃大仙信俗是一個完整的宗教系統，並非一種技藝或是節慶活動。為了貫徹「普濟勸善」的精神，承傳黃大仙信俗的文化，關愛社群，把「貴生」、「護生」與「養生」的文化，弘揚於社區，增進社區的人文情懷，加強社會的凝聚力，使我們多元文化的社會，得以融和並在，形成和諧的社會。正如上文所言，嗇色園向市民贈醫施藥，市民自然會對黃大仙信俗有

所關注，甚至開始信奉。⑭ 除了藥局外，更因應社會潮流於 2000 年建成嗇色園社區服務大樓，提供安老服務、診治服務等。⑮ 一方面能秉承黃大仙信俗的核心思想 ── 普濟世人，另一方面藉此弘揚黃大仙信俗，同時更與東華三院合作，設有不同的社區服務中心，如東華三院黃大仙籤品哲理中心。大量的社區服務，有助吸引更多人信奉有關的黃大仙信俗。⑯

勸善除了刊行各類書籍外，教育亦為重要的一環。嗇色園於 1961 年組織「成立籌建學校委員會」，並成功於 1969 年開辦可立中學，⑰ 發展至今已經有五所中學、四所小學、七所幼兒園。在學校從小開始引導學生向善，又能提供教育機會予學生，藉以培育社會的英材，令嗇色園達至「普濟勸善」。

結語 黃大仙信俗是香港一個極為重要的宗教信仰，於 2014 年被列入國家級非物質文化遺產代表性項目名錄，其蘊含自東晉以來道教的精粹，極具歷史和文化特色。同時，黃大仙信俗提倡的普濟勸善與傳統的佛道的功德觀念不謀而合，有關的精神造就信眾樂於捐獻和關心社群。最大的黃大仙信俗團體嗇色園，更成為了香港重要的慈善機構。

⑭ 施志明：《本土論俗：新界華人傳統風俗》（香港：中華書局〔香港〕有限公司，2016 年），頁 241－242。
⑮ 危丁明：《香江顯迹：嗇色園歷史與黃大仙信仰》，頁 195。
⑯ 嗇色園董事會：〈嗇色園各項服務〉，《嗇色園》（香港：嗇色園董事會，1991 年）。
⑰ 危丁明：《香江顯迹：嗇色園歷史與黃大仙信仰》，頁 191－195。

延伸思考

Q1. 近年以嗇色園為首的黃大仙信俗極受社會重視，你認為黃大仙信俗為何於社會的地位日漸提升？

Q2. 你認為黃大仙信俗中的普濟勸善精神是否能成為解決社會紛爭的良方呢？

參考資料

王賡武：《香港史新編》（增訂版），香港：三聯書店〔香港〕有限公司，2016 年。

危丁明：《香江顯迹：嗇色園歷史與黃大仙信仰》，香港：嗇色園，2006 年。

吳麗珍：《香港黃大仙》，香港：三聯書店〔香港〕有限公司，2012 年。

_____：《香港黃大仙信俗》，香港：三聯書店〔香港〕有限公司，1997 年。

志賀市子著、宋軍譯：《香港道教與扶乩信仰：歷史與認同》，香港：香港中文大學出版社，2013 年。

周樹佳：《香港諸神 —— 起源、廟宇與崇拜》，香港：商務印書館〔香港〕有限公司，2009 年。

施志明：《本土論俗：新界華人傳統風俗》，香港：中華書局〔香港〕有限公司，2016 年。

區志堅：〈求籤要誠，解籤要靈：《保生大帝靈籤》與《黃大仙靈籤》表述「保生」概念〉，宣讀論文，金門：金門大學文學院主辦「世界保生大帝信仰學術研討會」10 月 18－22 日舉行。

嗇色園董事會：〈嗇色園各項服務〉，《嗇色園》，香港：嗇色園董事會，1991 年。

訪問錄

受訪者：梁德華主席、李耀輝監院、梁理中董事、張錦雄道長、陳焜先
　　　　生、樊智偉先生

訪問者：高寶齡、容文傑、區志堅、林浩琛、陳鍵宇

訪問日期：2017 年 10 月 3 日

文稿整理：區志堅、林浩琛、陳鍵宇

受訪者簡介：

梁德華，現為香港道教聯合會主席，是次訪問以香港道教聯合會主席身份出席。

李耀輝，現為嗇色園的監院，於 2007 年擔任嗇色園主席，致力於推動慈善業務，
令嗇色園近年聲名大噪。

梁理中，現為嗇色園的董事。

張錦雄，道長。

陳　焜，現為嗇色園的宗教事務幹事。

樊智偉，現為嗇色園的行政主任。

訪問者受訪者合照

黃大仙祠信俗成為非物質文化遺產的原因何在？

李耀輝：黃大仙信俗獲選為非物質文化遺產，其一是歷史悠久，其二是學道成仙的
傳奇故事。黃大仙信俗文化具有悠久的歷史，此民間信仰源於中國浙江，
是一千多年前的晉朝已經存在的神明。清朝開始傳至華南地區，因其以往
一直只在於浙江南溪金華一帶流傳，不是非常知名，甚少本地人知道。可
說是發源於浙江，成道於金華，發揚於香港。因為嗇色園近二十年比較有
名聲，故連同黃大仙信俗也一併發揚。其三是名聲的效應，一定的知名度
有助推廣。香港嗇色園致力慈善和非牟利工作，不單在香港，海外的慈善
工作也不遺餘力，享譽國際。最重要的還是傳承我們普濟勸善的精神，以
及道教的包容和諧精神。我們與香港其他宗教團體關係融洽，我們對慈善
的貢獻亦得到其他宗教人士的肯定。我們並無職業道士和神職人員，全部
是義工，這也是一種特色，與其他非遺項目有所不同。

梁理中：五十至六十年代香港屬於一個窮困社會，當時的人很需要精神上的安慰和
醫療的援助。因此很多人都會去黃大仙祈福問安，或求醫施藥。推廣方
面，我們跟內地幾個公館建立了一個關係網，令人對我們更為熟悉，國家
亦更清楚我們的發展。

由五十至六十年代開始，黃大仙每年都會舉辦一個民間的上契儀式。為了
讓更多人傳承這個文化，不久前分別為年輕人和成年人在仙師誕辰日，辦
了一個上契儀式。成年人的上契儀式，至今已發展為一個標準化科儀儀
式，這改變具重大意義。

李耀輝：這個構思源自傳承的理念。傳承如果只靠一代人，將會後繼無人。香港過
去歷史受殖民地思想影響，大部分人都信奉其他宗教。各宗教都有其好
處，但傳統道教則較少人推廣。我們希望以信俗的「黃大仙師上契結緣儀
式」吸納更多信眾，把黃大仙的「普濟勸善」精神推廣出去。

「黃大仙師上契結緣儀式」是一個建立親密關係的傳統習俗，令信眾能持續
接受道教文化的薰陶。前不久約有五百名成人上契，不只是本土居民，連

內地居民和海外遊客都詢問可否參加，做到「有契無類」。我們依照民間做法，例如契爺賜碗筷羹碟，代表有衣食，做足民間習俗的方式。宗教儀式方面，我們需要稟告上天，即將上契信眾的姓名上報上天，今次的突破是不再限於民間自行處理，而是用公祠的科儀儀式包辦，宗教學上則是一個人神溝通的方法。

黃大仙信俗有什麼普世價值呢？

李耀輝：普世價值最重要就是宏揚中國文化，其獨特之處在於包容與和諧。有言「不為天下人爭」，世界上如此多紛爭，正因眾人的爭奪，故「讓」可說是處世的重要元素，這是中國文化的重要思想。好多人認為道教落後、不思進取，其實道教主張合理之爭、和諧之爭，非競爭之爭。除了慈悲外，也提倡珍惜，珍惜現有的地位，不可以強求，如果要強求就會變競爭，做不到讓就會亂。

政府在推動非物質文化遺產上有何成功之處，或者有什麼可以再進一步優化的地方？

李耀輝：現在非物質文化遺產辦事處成立只有兩年，難以評論有何成功或不足之處。每一項非遺都有其特色，但目前非遺辦事處只有十六位專職人員負責具體工作，此外他們並非對每一個項目均有深入探究，在制定政策時難免有落差，難以令普通市民對非遺項目有具體了解。

如果政府不增加聘請行政專員，便會因人手不足而未能深入探究每個非遺項目，達不到推廣非遺的意義，建議可在二十個項目中選一兩個項目作深入研究，由專業人士作考察和研究一個非遺項目得到傳承和發展的成功因素，不只停留在取得非遺的名銜，更重要的是要傳承和發揚發大。

嗇色園創辦了不少中學，未來會否透過學校把黃大仙信俗文化傳承下去？

李耀輝：嗇色園黃大仙祠在香港有近百年的歷史，道長的承傳向來由父傳子接班，更有三代承傳。受人手不足的衝擊，逐步改由兄傳弟，以及介紹制，甚至

開放至公開招聘，吸引了不少市民入道。過去十年，黃大仙道長由二百人增至三百人，現有道長由二十二歲大學生的年輕道長至年長的資深道長，故在道長承繼的情況中未見青黃不接的狀況。

至於宗教教育，黃大仙信俗只不過是道教宗派中的一支。要推廣宗教的教育，首先政府要制定相關條例，其次應由香港道教聯合會牽頭推動，因這非一間公祠就可以推動得到。雖然嗇色園有開辦學校，但宗教色彩並不濃厚。這方面比基督教和天主教略遜一籌，因為他們的學校有部分屬於私立，辦學團體有一定自決權和財力。整體來說，應該要由道聯會與政府洽談如何以深入淺出的方法教導學生。

梁理中：以宗教文化推行道教文化教育而不限於信俗方面是非常重要，如此一來，同道教本源不會脫離太遠，二來這也是最廣為接受的方法，因為大家都在宏揚中華文化。

梁德華：為了弘揚道教思想和教義，讓信徒和社會人士正面地認識中國土生土長的宗教，香港道教聯合會成立了「香港道教聯合會出版社有限公司」，自行出版刊物，同時配合各地宮觀、壇堂和學者，聯合撰寫道教叢書，加強道化德育。除了每年舉辦書展之外，近期出版社已出版多本道教文化書籍，供各中小學校、宗教及文化單位、圖書室、老師及學生、道教信徒和各界市民購買閱讀，內容涵蓋信仰、哲理、科儀、音樂和養生各方面。

2013 年起政府把每年三月的第二個星期日定為「道教日」。「香港道教日」的成立誠為香港道教界的一大里程碑，透過多元化的慶祝活動，讓社會各階層加深對道教的認識，亦有助道聯會進一步弘道闡教、服務社會。由此可見，承傳黃大仙信俗文化與弘揚道教思想和教義息息相關。只要有社會大眾與政府的支持，相信黃大仙信俗文化和道教思想定能發揚光大。

10 宗族春秋二祭

張宗澤

　　華人社會的敬祖文化，是後人表達對祖先前輩的親恩感念之情，亦含有相信祖先會保佑守護後輩之意。透過拜祭傳孝，也有着向下一代傳達認祖歸宗、慎終追遠的意義。宗族春秋二祭已被列入香港非物質文化遺產代表作名錄。本文會以新界圍村作個案研究，介紹宗族春秋二祭能成為香港非物質文化遺產代表作的原因，以及它的起源、現在的發展，還有宗族春秋二祭與傳統的關係。

新界部分圍村仍保留春秋二祭的傳統（圖片由 Grace Yan 提供）

宗族春秋二祭的由來

　　根據非物質文化遺產辦事處對春秋二祭的定義，每逢春分及（或）秋分，或農曆四月及九月，宗族成員或聚集祠堂祭祀列祖，或前往山頭拜祭先祖墓地，以表孝道，慎終追遠。其實圍村宗族在立春、清明、重陽、秋分及冬至都會祭祖，不過以春秋二祭最為重要，規模最大。❶ 春祭多在農曆二至三月或清明時節進行，秋祭則一般在秋分之時或農曆九月。❷ 春秋二祭背後的精神是透過拜祭先人，藉此宣傳孝道、團結族人，故新界宗族視祭祖活動為村族大事，以此感恩祖先對族人的庇佑，同時培養族人對長輩的尊重和感恩父母的養育，加強社群的聯繫，部分宗族至今仍保留食山頭、分豬肉，以及使用圍頭話進行祭祀儀式的傳統。❸

宗族春秋二祭至今的發展

　　現今新界圍村依然保留完整的祭祀儀式，以廈村鄧氏的秋祭為例，廈村鄧氏的秋祭時間頗長，由農曆九月上旬至下旬均有拜祭活動。另外在秋分日，年滿六十歲以上的族中男丁則會齊集祠堂，祭祀祖先和神靈；部分年過七十而未能到來的村民，亦有親屬為他們作登記，在儀式結束後為他們領取利是錢。祭品方面，除了燒豬肉和雞外，還有五生五熟、五色果、五色餅和茶飯酒等，都已預先擺放在祖先神位前。

---

❶〈廈村鄧氏秋祭，見新界變遷〉，《文匯報》，2010 年 8 月 2 日，擷取自網頁 http://paper.wenweipo.com/2010/08/02/OT1008020002.htm；鄧昌宇、區志堅：《屏山故事》（香港：中華書局〔香港〕有限公司，2012 年），頁 146。

❷ 陳天權：《香港節慶風俗》（香港：明報出版社，2012 年），頁 12。

❸〈宗族春秋二祭〉，擷取自「非物質文化遺產辦事處」網頁 http://www.lcsd.gov.hk/CE/Museum/ICHO/zh_TW/web/icho/representative_list_ancestral-worship.html。

春秋二祭（圖片由 Grace Yan 提供）

　　儀式開始前，族中長輩會先到祠堂旁的小屋拜文昌。村民都會穿着長衫拜祭，主祭人邀請眾人拜文昌，然後再拜天地及祖先，繼而奏樂，由族長作代表向先人鞠躬叩頭、上香、酹酒，主祭人讀畢祝文，族長再鞠躬叩頭、上香、酹酒、奉饌、奉元寶等。族長拜祭完畢後，再由其他的族人按輩份排隊拜祭，拜祭完畢便領取每位一百元的現金。祭祖儀式大約二十分鐘，隨後分燒豬。❹ 傳統圍村人在祭祀後還會「食山頭」（即場生火煮食，席地享用），廚師將生豬帶到墓地附近不遠的地方煮盆菜，目前仍然保持食山頭儀式的宗族已十分罕有，屏山鄧氏坑尾房是其中之一。❺

❹〈廈村鄧氏秋祭 見新界變遷〉，《文匯報》，2010 年 8 月 2 日，擷取自網頁 http://paper.wenweipo.com/2010/08/02/OT1008020002.htm。

❺ 何耀生：《香港非物質文化遺產》（香港：明報出版社，2010 年），頁 82；區志堅、侯勵英：〈文化教育、持續發展與旅遊業的關係——以香港屏山文物徑及河上鄉村為例〉，載陳蒨、祖運輝、區志堅主編：《生態與文化遺產——中日及港台的經驗與研究》（香港：中華書局〔香港〕有限公司，2014 年），頁 49－60。

冷知識

你知道嗎？元朗鄧氏有屏山鄧氏，
錦田鄧氏，廈村鄧氏之分，而屏
山鄧氏是由錦田鄧氏分離出來的。

隨着時代的轉變，不少人因為生活忙碌，參與祭祖的人數愈來愈少。與昔日相比，許多儀式已經被簡化。祭祖儀式的最大特色是極重輩份，整個過程按大至小順序進行，步驟和氣氛都十分嚴肅。過程中還有主持人在中間，代表着祖先與人世間的聯繫，即使是輩份最高的也要嚴守規矩，否則就是對祖先的不敬。此外，祭祖的過程亦是再次對族人宣示任何人都要遵守祖訓，族人要尊敬祖先，後輩則要尊敬長輩。雖然各族的做法都有點不同，但都有加強宗族的凝聚力的意義。

宗族春秋二祭與傳統的關係

慎終追遠、認祖歸宗、勿忘根本是傳統中國人提倡的思想，「孝」更是傳統中華道德文化的精髓所在。圍村是單一姓氏的族群聚集而居，他們深信宗族制度能維持族內的平衡，所以透過這些拜祭活動鞏固宗族制度，避免宗族分離。再者，宗族春秋二祭蘊含了傳統中華文化提倡的祖先崇拜，令後代謹記根本，又可以藉此宣揚孝道。現在香港尚存的圍村宗族春秋二祭仍保存了明清時期傳統農村社會的形式。宗族春秋二祭可說是與傳統文化和農村社會的形式有着密切的關係。隨着宗族春秋二祭被列入香港非物質文化遺產代表作名錄，代表着宏揚孝道、族人團結的精神受到重視。

結語 整個宗族春秋二祭最大的特色是透過拜祭彰顯孝道精神。不論在拜祭的過程中，或在拜祭之後的分豬肉、食盆的做法，各族均有不同，但背後都有加強族內的溝通和團結的目的。透過介紹宗族春秋二祭，亦可以宣揚傳統中華文化提倡的慎終追遠的精神，宗族春秋二祭被列入香港非物質文化遺產代表作名錄，亦證明了它在本土文化中的重要性。

延伸思考

Q1. 春秋二祭本為中華文化提倡的習俗之一，但現時香港只有新界圍村堅持舉行，應如何再一次把這種文化推而廣之呢？

Q2. 為何大眾會視祭祀祖先是一種迷信的行為？

Q3. 祭祀儀式具有一定的社會意義，大眾卻視為迷信的象徵，應如何破除大眾對祭祀的誤解？

參考資料

何耀生：《香港非物質文化遺產》，香港：明報出版社，2010 年。

〈宗族春秋二祭〉，擷取自「非物質文化遺產辦事處」網頁 http://www.lcsd.gov.hk/CE/Museum/ICHO/zh_TW/web/icho/representative_list_ancestral-worship.html。

區志堅：〈建構族群身份認同：香港屏山鄧氏口述史表述家族歷史記憶〉，載澳門理工學院編：《口述歷史國際學術研討會論文集》，澳門：澳門理工學院出版，2014 年。

————、侯勵英：〈文化教育、持續發展與旅遊業的關係——以香港屏山文物徑及河上鄉村為例〉，載陳蒨、祖運輝、區志堅主編：《生態與文化遺產——中日及港台的經驗與研究》（香港：中華書局〔香港〕有限公司，2014 年），頁 49－60。

陳天權：《香港節慶風俗》，香港：明報出版社，2012 年。

華琛、華若璧：《鄉土香港：新界的政治、性別及禮儀》，香港：中文大學出版社，2011 年。

鄧昌宇、區志堅：《屏山故事》，香港：中華書局〔香港〕有限公司，2012 年。

〈廈村鄧氏秋祭 見新界變遷〉，《文匯報》，2010 年 8 月 2 日，擷取自網頁 http://paper.wenweipo.com/2010/08/02/OT1008020002.htm。

蕭放：《傳統節日與非物質文化遺產》，北京：學苑出版社，2011 年。

訪問錄

受訪者：鄧昆池先生
訪問者：張宗澤
訪問日期：2017 年 10 月 3 日
文稿整理：張宗澤

受訪者簡介：

鄧昆池，屏山鄧氏父老，屏山鄧氏第二十五代，曾為鄧崇德堂司理和塘坊村村代表，現已接近九十歲，有一妻四子。在台灣大學獸醫學系畢業後，回港曾為公務員。雖然年紀老邁，但依然堅持為屏山鄧氏撰寫族譜，著有《易查中文字典》一書，閒時亦為屏山文物徑當導賞義工。

訪問者與受訪者鄧昆池先生（左）合照

宗族春秋二祭有什麼要素促使它值得保留？

鄧昆池：春秋二祭的重點是拜祭祖先的心意。本來先人骸骨都安放在山頭野嶺，但幾百年之後已難以找到，有些甚至找不到，因此能拜祭而不去拜祭祖先，是不孝。現今很多人把長輩遺骸火化後，把骨灰安放入骨灰盅，然後安在家裏供奉，或是製成珠鏈戴在身上表孝心。現今的年輕一代要長期埋首課業活動，令他們難以抽出時間去認識這些習俗儀式，最後只會流於形式主

義。事實上，在現今社會，要完整地保留這些習俗是不可能的，簡化是難以避免。拜祭祖先講求心意，無必要被傳統束縛，要令到宗族春秋二祭可以適應現代社會最為重要。現在屏山鄧氏的春秋二祭大多是祭祀祠堂內的神主牌，就是最好的例子。

宗族春秋二祭的特色是什麼？

鄧昆池：春秋二祭是根據中國農曆春分和秋分兩個節氣而舉辦的祭祀活動，春分和秋分最特別的地方是，兩者都是日夜長短一樣的時間。以屏山鄧氏為例，每一座祠堂都安放着歷代祖先的神主牌，象徵着祖先們都被供奉在內，後人在春秋二祭會前往祠堂拜祭祖先。

從前人們在春秋二祭會拜祭安葬在山上的山墳，族人都會「食山頭」，有些人還會在山上祭祀之後把祭品帶回鄧氏宗祠烹調和食用。這種習俗現在已經愈來愈少人做了，因為上山祭拜實在太不方便，只剩下龍鼓灘還保留住「食山頭」的習俗。

現時屏山鄧氏的宗族春秋二祭已慢慢由拜祭山墳轉移到以拜祭鄧氏宗祠為主，活動主要在鄧氏宗祠內進行，向神主牌上有名的先人拜祭，男丁會有豬肉分。要說到春秋二祭整個習俗儀式中最具特色的，莫過於祭品，祭品有所謂「五生五熟」，即五碗生肉和五碗熟肉，生肉通常為雞肉、豬肉，熟肉則為粉腸、肝、肺等，希望祖先能夠享用。為了不浪費這些祭品，會在祭祀完成後把祭品分發給族人食用。

宗族春秋二祭的傳承有否遇到困難？

鄧昆池：首先要知道傳統春秋二祭的儀式過於繁複，難以持之以恆地執行，以前有三跪九叩習俗，又要穿長衫馬褂行祭祀之禮，現在都沒有了。其中最大的原因是錢財匱乏，因為造一件長衫的價錢相當昂貴，而整個儀式以及割草、整理山墳、準備盆菜、分豬肉，所有步驟都需要用錢，資金一般來自祖先留下來的物業。

「食山頭」亦非每個山頭都有豬肉可分，如果祖先沒有物業或是人丁繁衍過

盛，沒有足夠款項準備豬肉派發，就只好減卻該步驟，以節省開支，所以有些山頭是沒有豬肉分的。現在即使有重拾傳統儀式的想法，但都缺乏金錢支援。

除了錢財問題，土地和人口亦是另一個困難，以屏山為例，屏山一共有九個圍村，村的人口越來越多，新的村屋又不斷建成，而一座祠堂佔地僅八千平方米，在現時的範圍下已經沒有土地可以用來興建新的祠堂。

此外，拜山路線和山墳位置也是另一個困難，一代傳一代，很多時傳到十代以後便沒有人記得山墳原來位置，令傳統春秋二祭的傳承變得困難。以前的山頭祭祀是十分不方便的，天還未亮就已經要走三至四個小時登山，這些艱辛的過程得靠族人自動自覺維持，但年輕一輩要忙於讀書和工作，令到他們沒有精神和時間記下這些繁複的儀式習俗和山路路線，而老一輩的族人年事已高，亦沒有足夠的體力去執行和教育下一輩春秋二祭的儀式。所以，要繼續維持傳統模式的宗族春秋二祭是困難的，簡化春秋二祭的儀式，或以其他形式保留春秋二祭的精神是無可避免之事。

我們的族譜，現在只有我在整理。我已經開始把這些資料電子化，將它們輸入電腦，方便儲存，我個人希望至少族譜能夠傳承下去，只要族人願意提供資料，我都會把他們寫進族譜。

現時政府把春秋二祭列入香港非物質文化遺產代表作名錄，您認為政府的保育政策支援足夠嗎？

鄧昆池：其他圍村有沒有受到政府援助我並不了解，但至少屏山是沒有的。現在仍是靠族人自動自覺維持這些傳統。隨着人口越來越多，春秋二祭的開支也愈來愈高，祭品、物資和分發的食物都需要金錢，很難再像以前一樣舉行傳統正式的春秋二祭。加上沒有土地興建新祠堂安置先人，許多儀式亦因而簡化甚至取消。政府雖把春秋二祭列入香港非物質文化遺產代表作名錄，但實際上並沒有對這個習俗作出具體而實質的支援。現在也只有少數上一輩的人仍然堅持做春秋二祭，年輕一輩大多因現實生活的壓力，不願意再做。相信即使政府作出援助，幫助亦不大。

11 | 香港天后誕

林浩琛

　　天后，又名天妃、媽祖等，天后信仰起源於宋朝，一直擔當保護出海者安全的角色，是沿海地區常見供奉的海神。在明清年間傳至香港。香港各地區的天后誕節慶活動各有不同，但大多有上演神功戲和搶花炮的環節。時至今天香港各地依舊有舉辦大大小小的天后誕節慶活動。

糧船灣的天后寶誕（相片由胡炎松提供）

天后誕的起源

相傳天后生於宋代初年福建莆田，❶ 她的父親是地方小官，因天后出生後不會哭，故得名默，又叫「林默娘」。她十三歲隨道士學法術，十五歲開始替人治病，❷ 及後湄洲港有一艘商船因觸礁而開始沉沒，天后變水草為巨木成功拯救船員。相傳宋徽宗時，大臣路允迪出使高麗國，在東海遇到狂風，幸得天后所救才脫險。宋徽宗傳旨賜給林默娘一塊「順濟宮」的廟匾，從此，天后開始成為保祐出海之人的神明。明代以後，大量福建沿海漁民建廟祀奉天后，以求能安全出海。福建莆田的湄州祖廟，甚至獲清雍正帝特意遣使前去致祭。爾後，天后信仰開始成為沿海地區的主神，同時，天后多次被加封不同勳銜如「護國庇民普濟天妃」、「天后元君聖母娘娘」等。❸

明清時期，天后信仰傳到香港，因當時香港的地勢有利沿岸的漁業，開始吸引漁民聚居，自然將漁民的共同信仰 —— 天后信仰傳入 ❹。明末，鄭成功的明政權派遣鄭建之駐守鯉魚門，並遣其後裔鄭連昌，建立香港首間天后宮。❺ 清末年間香港各地出現了不少天后廟，如西貢糧船灣天后宮，以及長洲的六間天后廟。❻

清朝以後，陸續有大量的內地人湧到香港，如蜑家人和鶴佬人，他們的文化風俗也尊崇天后，從而更增強香港的天后信仰文化。天后誕源自「湄州媽祖進香」，每年農曆三月廿三日是天后誕辰，遠近漁

❶ 黃照康：《香港傳統節慶遊》（香港：知出版有限公司，2012年），頁82。

❷ 廖迪生：《香港天后崇拜》（香港：三聯書店〔香港〕有限公司，2000年），頁27。

❸〈天后娘娘的故事〉，擷取自「搜奇會」網頁 http://hkmes.com/forum/forum-story-view.php?id=32。

❹ 曾昭璇：《天后的奇跡》（香港：中華書局〔香港〕有限公司，1991年），頁37-39。

❺ 謝永昌：《香港天后廟探究》（香港：中華文教交流服務中心，2006年），頁17。

❻ 同上，頁25。

糧船灣天后（圖片由糧船灣天后宮值理會提供）

民都前來朝拜，後來演變為各地天后廟各自於天后誕辰進行各種節慶活動。❼

香港天后誕的特色

天后廟是香港眾多類型廟宇中，數量最多，分佈最廣的，香港島、九龍及新界各地都有天后廟，相信與昔日香港是漁港有關。天后是漁業者的守護神，非常靈驗，甚為漁民所敬仰。香港有天后廟，但沒有所謂的主導廟宇，各廟之間並不存在所謂的從屬關係，多是各不相干，也有姐妹廟宇如林村和大埔的天后廟，❽ 故此在天后誕中多是由地區各自籌組值理會舉辦節慶活動，資金也是在社區籌集。

天后誕中主要有兩大盛事：上演神功戲和搶花炮。先論神功戲，神功戲是指於節慶上演為了取悅神明的戲曲，在不同神誕，曲目有所

❼〈天后娘娘的故事〉

❽ 廖迪生：《香港天后崇拜》，頁 31。

不同，劇種也有不同。天后誕的神功戲多以粵劇為主。⑨ 事實上各種中國傳統節慶多有神功戲，而且大同小異。

　　搶花炮則可以說是整個天后誕最重要的活動，花炮是利用竹紮成的裝飾品，上面有一些紙紮裝飾，用作裝飾天后像，以致現時的花炮更像一個小型的神壇。各村民會各自組織花炮會，以舞獅、舞龍的方式迎接花炮。傳統的搶花炮是用火藥或爆竹把花炮中的物件射上天空，多為竹枝、竹片、木片等，⑩ 並由有份捐獻的花炮會成員來搶，成功搶到的成員可以把花炮中的天后行像帶回家供奉一年，即「坐炮」。「坐袍」後，花炮會要重新製作新的花炮，並歸還天后廟，整個儀式便完成。⑪ 以往搶到頭炮意味着天后降福，加上花炮附有天后的「靈氣」，不少花炮會會出售花炮上的聖物，故在搶花炮時時有衝突。⑫ 如 1970 年 5 月青衣天后誕近二百人大打出手，事件後不久，搶花炮便遭禁止。⑬ 花炮會的接花炮儀式在某些地方如元朗，已發展成會景巡遊，不同的花炮會會有自己獨特的舞獅或舞龍，是香港少有的舞獅、舞龍會景巡遊。⑭ 事實上除了陸上巡遊，信眾認為是神靈淨潔地區的方法，⑮ 還有海上巡遊，如糧船灣天后海上巡遊。由以上可見，不論是花炮會或是巡遊均需要大量民眾的參與，在新界的地區，居民凝聚力相對較強，故能夠舉辦大規模的搶花炮和巡遊活動。

　　香港有大小天后廟近百多座，當中最古老的兩間分別是建於 1266 年的西貢佛堂門的佛堂門天后古廟，以及建於 1741 年的糧船灣

---

⑨ 陳守仁：《香港神功戲》（香港：三聯書店〔香港〕有限公司，2012 年），頁 15－19；廖迪生：《香港天后崇拜》，頁 67。

⑩ 廖迪生：《香港天后崇拜》，頁 86；〈天后崇拜〉，擷取自「燦爛的中國文明」網頁 https://www.chiculture.net/1604/html/d13/1604d13.html。

⑪〈天后崇拜〉。

⑫ 廖迪生：《香港天后崇拜》，頁 58－59。

⑬ 周樹佳：《香港民間風土記憶》（香港：天地圖書有限公司，2005 年），頁 52－55。

⑭ 謝永昌：《香港天后廟探究》，頁 115。

⑮〈天后崇拜〉。

天后宮。元朗的大樹下天后古廟也是很著名的，每年的漁民團體、鄉事委員會、體育會、宗親會等會派出飄色、樂手和其他表演者參加會景巡遊至天后廟。有不少地方把天后誕打造成太平清醮般的節慶活動，如銅鑼灣、糧船灣的天后誕等。他們的形式與一般的太平清醮相同，只是把天后也作為主神明供奉。甚至塔門、吉澳、高流灣、鴨洲、往灣、三門和深灣設有十年一次的塔門聯鄉打醮，以答謝天后在以往的船上聯鄉婚宴中保祐各鄉人平安的清醮活動。⑯

糧船灣天后誕天后出巡時的神袍（圖片由糧船灣天后宮值理會提供）

⑯ 謝永昌：《香港天后廟探究》，頁 116－117。

香港天后誕的傳承

　　一般人都以為搶得花炮的第一炮是最好，但原來第三炮才為代表那條村會丁財兩旺，所以第三炮特別大，巡遊隊伍都是由它領頭，村民大多以搶第三炮為當天的目標。因各花炮會成員常有磨擦，甚至衝突，不少地方改以抽籤形式代替，如元朗十八鄉天后誕是利用購「花炮票」的形式參加抽花炮，這種方式應是引入現代的獎券的抽獎模式，不論個人或團體均能購票。不同的花炮會都希望搶得花炮以圖求好運，故會大量購票，同時於領取和歸還花炮時均要付「炮金」。⓱ 這種模式的確能夠避免衝突發生，同時因大大小小的花炮會都得購票，又要付炮金，為天后誕的值理會帶來不錯的收入，從而可補助其他活動。這不單是金錢上協助天后誕的傳承，更因免卻搶花炮的「人數」和「體格」優勢，更能夠吸引小型花炮會參與活動，增加傳承的人數。

　　相傳天后神通廣大，無論家宅平安，或是個人願望，祂都有求必應，因而被香港的民眾奉為重要的神明之一。香港民間參拜天后的熱情，充分反映了信眾對天后這位「天神」的尊敬。天后誕能夠傳承，依賴各社區居民的投入參與，例如元朗十八鄉天后誕中的會景巡遊有百分之八十八的居民喜歡天后誕，當中有近八成會到現場參加或觀賞巡遊。可見元朗十八鄉天后誕能夠代代傳承，是因為鄉民的投入，⓲ 也間接反映天后誕凝聚社區的力量。

⓱ 廖迪生：《香港天后崇拜》，頁 90−91。

⓲〈元朗天后誕會景巡遊〉，《明報》，2015 年 6 月 30 日，擷取自網頁 https://news.mingpao.com/pns/%E5%85%83%E6%9C%97%E5%A4%A9%E5%90%8E%E8%AA%95%E6%9C%83%E6%99%AF%E5%B7%A1%E9%81%8A/web_tc/article/20150630/s00011/1435601091960。

結語 香港天后誕具有與眾不同的特色，每個地區的儀式習俗有着相當多的不同。正因此習俗間的相異，反映各地區的風俗習慣、族群構成、歷史淵源等。這些特色能夠凝聚當區的居民，久而久之形成各種鄉土情懷。因此，香港天后誕符合〈保護非物質文化遺產公約〉中關於文化、凝聚社區、反映社區特色等條件，被列入香港非物質文化遺產代表作各錄為實至名歸。

延伸思考

Q1. 天后誕的傳統搶花炮活動，可否成為一種競賽？

Q2. 為什麼現時天后誕承傳人數日漸減少，與現代生活模式有多大的關係？

參考資料

〈元朗天后誕會景巡遊〉，《明報》，2015 年 6 月 30 日，擷取自網頁 https://news.mingpao.com/pns/%E5%85%83%E6%9C%97%E5%A4%A9%E5%90%8E%E8%AA%95%E6%9C%83%E6%99%AF%E5%B7%A1%E9%81%8A/web_tc/article/20150630/s00011/1435601091960。

〈天后娘娘的故事〉，擷取自「搜奇會」網頁 http://hkmes.com/forum/forum-story-view.php?id=32。

〈天后崇拜〉，擷取自「燦爛的中國文明」網頁 https://www.chiculture.net/1604/html/d13/1604d13.html。

李獻璋著、鄭彭年譯：《媽祖信仰研究》，澳門海事博物館出版，1995 年。

周樹佳：《香港民間風土記憶》，香港：天地圖書有限公司，2005 年。

陳守仁：《香港神功戲》，香港：三聯書店〔香港〕有限公司，2012 年。

曾昭璇：《天后的奇跡》，香港：中華書局〔香港〕有限公司，1991 年。

黃照康：《香港傳統節慶遊》，香港：知出版有限公司，2012 年。

廖迪生：《香港天后崇拜》，香港：三聯書店〔香港〕有限公司，2000 年。

謝永昌：《香港天后廟探究》，香港：中華文教交流服務中心，2006 年。

訪問錄

受訪者：郭有進總理、李家良議員、吳貴金先生、張溢良常務副總理、
　　　　張溢中副總理、石祥有先生

訪問者：高寶齡、林浩琛、楊嵛

訪問日期：2017 年 10 月 17 日

文稿整理：區志堅、林浩琛

受訪者簡介：

郭有進，現為第五屆糧船灣天后宮值理會執行委員會總理，與張溢良常務副總理一同改革以往糧船灣天后宮值理會的架構，並引入現代企業的經營模式於糧船灣天后宮中。近年，糧船灣天后誕的場面愈來愈盛大。

李家良，現為西貢區議員。

張溢良，現為第五屆糧船灣天后宮值理會執行委員會常務副總理。

張溢中，現為第五屆糧船灣天后宮值理會執行委員會副總理。

吳貴金，現為第五屆糧船灣天后宮值理會執行委員會財政。

石祥有，現為第五屆糧船灣天后宮值理會執行委員會總務。

訪者問與受訪者合照

西貢糧船灣天后誕有什麼特色？

張溢良：西貢糧船灣以前是兵家重地，擔負守衛廣州附近海域重任的戰略漁港。戰前，糧船灣是一個繁忙的商港，來往香港與廣東沿海一帶的經商貨客船隻常停泊於此。媽祖娘娘是糧船灣航海者的保護神，駕臨此地已四百餘年，水陸居民皆受其恩澤。天后常為民眾指點迷津、有求必應，使民眾得以逢凶化吉、化險為夷，所以天后深得民眾之崇敬和愛戴，名揚四海。

天后誕一直由先祖輩以口述傳承當中的儀式，從前水上人很少讀書，故傳承全靠口述。因當時村民工作以漁業為主，所以對天后非常忠誠，認為天后會保佑他們出海時免受風浪襲擊。以往，在天后誕前數天所有的船均會回到糧船灣，暫停打魚。

天后誕是村民為感謝天后娘娘過去一年的保護而舉辦的。其中的搶花炮活動對漁民相當重要，他們認為花炮是天后的化身，搶得花炮便能得到天后娘娘一年的保護，並會於一年後歸還花炮。我的父親曾言二戰時曾有一個陳姓賊王，常劫商船，但從不侵擾糧船灣，更常劫富濟貧，把劫到的物資分與島上居民。有一天賊王想出海，卻無法起錨，相傳是天后顯靈不容許他出海，並指出海必遇險。往日糧船灣天后誕，本灣參與者眾多，也有很多筲箕灣的船家參與，因以往糧船灣的船大多由筲箕灣船廠製造，故雙方奠下深厚感情，並希望藉糧船灣天后誕保佑自己，所以傳承至今，各島民依舊信奉天后。

西貢糧船灣天后誕有沒有在傳承上作一些改革呢？

張溢良：每年籌辦天后誕，均涉及大量的財力、人力和物力。以往權力過於集中，後輩反對聲音大。故我和郭總理着手改革糧船灣天后誕的領導架構，首先建立糧船灣天后宮值理會執行委員會，將參拜的儀式透過不同方法記錄下來，盡自己一分力承傳有關文化。其次，我們嘗試下放權力給年輕人，透過建立一套民主投票選舉的制度，讓所有本灣居民及其後代均能投票，令年輕人也有發聲的權利，吸納他們參與天后誕。選舉產生的執行委員會，既能令天后誕的各事情順暢，亦能吸納年輕一代。

此外，我們也仍然保留擲杯的方式，但這只是選出十個緣首 ❶ 及各職位人員，而非以往的執行核心。天后誕有打鑼持旗的角色，這些角色均會以擲杯的方式選出。這樣一來，老一輩也覺得開心，因為這些角色可說是最接近天后娘娘的。常有其他一些工作也會用抽籤、擲杯選出。以往糧船灣天后誕的搶花炮活動常令各花炮會起爭執，我們接手後多番勸說，爭執情況不再發生。

同時我們體恤付出血汗的年輕一輩，特意在重修天后宮時一併重修值理會的房間，增加冷氣機、電視等設備，令他們在辛苦工作後有一處休息的地方。這顯示值理會不只是重視出錢的善長，出力的參與者也受我們的重視，年輕一代感到受重視才會參與。天后娘娘也會監察各人的付出，只要盡自己的一分力就能獲得保佑。

郭有進：糧船灣天后誕需要的人手眾多，幸好島民均非常團結。不少人更會特意請假到來，所有人皆出錢出力。在一個有效的制度下，金錢使用有透明度，令眾人對委員會產生信心，吸引更多人參與。同時我們把財政權力分散並公開財務狀況，一改以往對後輩較為嚴厲的態度，都待他們如朋友般。同時，讓年輕人參與天后誕的籌辦環節，讓他們確實感受到成功感，令他們有動力繼續參與下去。

西貢糧船灣天后誕在儀式上有何特色？

張溢中：天后是水陸居民的精神所依，每年正月十五日，水陸居民均會參拜天后娘娘，向諸神許太平福，求庇護闔境平安、風調雨順。農曆二月十五日，值理會召開全體村民大會，舉行抽籤儀式，選舉十位緣首及其他職位。天后娘娘出遊前夕，十位緣首齋戒沐浴。天后的出巡時間，以及出巡時做法事的時間均要問准天后娘娘，從十一時開始擲杯問出巡時間，每十五分鐘再擲一次。最後，天后娘娘乘坐龍轎出遊，由十位身穿長衫馬掛，頭帶竹笠的緣首負責抬轎，跟隨着法師護衛天后娘娘。龍轎前會安排青年人高舉肅

❶ 緣首：祭祀工作的代表，負責代表村民向上天祈福。

靜迴避牌，在前頭鳴鑼開道。

糧船灣天后誕每年均有賀誕及抽花炮盛會，每逢雙年規模更盛大。例如今年 2018 年便是雙年，由農曆三月十九日開始，全糧船灣的水陸居民都要齋戒沐浴及打太平清醮。三月二十日，開始做四日五夜粵劇，為天后娘娘賀誕。三月廿二日，是天后海上出巡大日子，當天水陸居民要演戲酬神，在戲棚由紅伶大倌上演「八仙賀壽」，繼而舞麒麟醒獅助慶，燃放花炮，鑼鼓喧天，家家戶戶備三牲酒禮，歡送天后娘娘出遊。海上巡遊是由三艘拖船領航（以擲杯的形式決定拖船者），分別載着天后、法師、十位緣首及社會名流；另有六十艘載着善信，船到之處，閒雜人等均要肅靜迴避，場面壯觀，盛況空前。農曆三月廿三日正式舉行賀天后寶誕，會恭請主禮嘉賓主持抽花炮儀式，前來賀誕的村民人山人海。三月廿四日則做尾戲。流傳至今。

糧船灣天后宮古廟內有四件寶物：第一件「古鐘」是清朝乾隆（1735－1796 年）時代之物，重二百斤，鑴刻着「風調雨順」、「國泰民安」的大字，至今已有二百五十多年歷史；第二件「浮雕」上刻有很多歷史人物，每一位都活靈活現，栩栩如生，是光緒十一年（1885 年）的珍貴文物；第三件「龍轎」是光緒三十二年（1906 年）製造，每逢天后誕，天后娘娘便會乘坐龍轎出遊；第四件「龍頭」亦有超過一百多年歷史，龍頭是得勝的主要象徵，每當龍舟競賽時，龍頭裝嵌在龍舟船頭，龍舟綁着綵帶和茅草出賽，當年糧船灣的龍舟競賽威震香江。

西貢糧船灣天后誕在傳承上有沒有困難呢？

郭有進：傳承上未見太大困難，因現時即使移居外國的糧船灣人，每逢天后誕也定必從世界各地趕回來。糧船灣人有一種思鄉、重情的向心力，委員會的改

革更吸引到年輕一輩的參與。

張溢良：我們現時的傳承未見太多問題，近年參與的人數不斷增加。海上巡遊為全港獨有，近年吸引了大量傳媒、市民參觀，未因漁民文化消失而令糧船灣天后誕衰退。但困難也是存在的，首先，海上巡遊費用龐大，在經濟上有一定的壓力，近年我們會以不同的方式籌集資金，例如改在天后誕的齋宴上收回齋宴所需成本，由於是平安齋宴，各人都願意捐獻。其次，是人手問題。雖然參與者多，但可以參與統籌工作的年輕人依然不多，因此我們現在仍需努力尋找合適的人選，希望後代能好好籌辦天后誕。

在促進非遺文化上，政府有什麼地方可以再改善？

張溢良：有五點建議，第一，政府一些基金的申請手續繁複而且資助少，對於我們的天后誕來說，並不很有用。第二，香港旅遊發展局曾邀請我們的漁船到維多利亞港宣傳海上巡遊，這正正反映出政府部門的官員不了解海上巡遊，海上巡遊只能在西貢的海域舉行，並需要由拖船拖行，到維港宣傳違反了我們的傳統，希望政府有關部門的官員，對我們的漁民文化多作了解。第三，我們一直爭取有固定的船隻及航線，往返糧船灣至西貢，政府各部門均未能正視我們的訴求。若沒有固定船航路線和時間往返西貢，遊客和參觀者當然減少，故此交通問題是政府最需要協助解決問題。第四，政府有不同的條例，限制我們在糧船灣興建公用設施，如公共廁所，即使我們希望自行發展，也受到不少的阻礙，希望政府能放寬有關的規限。第五，加強宣傳，糧船灣天后宮古廟的四寶是具有歷史價值的，而農曆三月廿三日舉行天后娘娘乘龍轎出海巡遊的傳統儀式，船到之處，閒雜人等肅靜迴避，這些傳統文化習俗，也值得宣傳推廣。

12 中秋節——薄扶林舞火龍

張宗澤

　　隨着薄扶林舞火龍被列入香港非物質文化遺產代表作名錄，社會各界愈來愈關注這個香港本土的傳統活動。本文將從薄扶林村歷史簡介，以及舞火龍的原因、發展，還有火龍紮作及活動流程等方面，了解薄扶林舞火龍與中華文化的關係，並探討其歷史意義和文化精神。

薄扶林村的舞火龍（圖片由林達富提供）

薄扶林村歷史簡介及舞火龍的原因和發展

　　薄扶林村位處香港南區，在香港成為英國殖民地之前，薄扶林村已經存在，是原居民村落，有二百多年歷史，是港島歷史最悠久的鄉村之一。這裏原本是一條客家農村，現約有村民三千多人。❶ 薄扶林

---

❶〈香港非物質文化遺產 —— 薄扶林火龍〉（展覽），擷取自「香港科技大學華南研究中心」網頁 http://schina.ust.hk/zh/%E5%B1%95%E8%A6%BD%EF%BC%9A%E9%A6%99%E6%B8%AF%E9%9D%9E%E7%89%A9%E8%B3%AA%E6%96%87%E5%8C%96%E9%81%BA%E7%94%A2%E2%80%94%E8%96%84%E6%89%B6%E6%9E%97%E7%81%AB%E9%BE%8D。

舞火龍的歷史悠久，至今已經超過一百年。❷ 相傳舞火龍風俗與消除瘟疫有關，過去人們認為大小疾病均和鬼神有關，於是生病時尋求神力幫助。村民認為火龍以禾草製作，插滿燒香後可與鬼神溝通，消災解難。❸

相傳村中早年曾發生瘟疫，舞動火龍後，疫情竟然減輕，自此便開始了舞火龍的習俗。時至今日，瘟疫已不復存在，舞火龍的意義變為祝福。中秋節是全村最人齊的日子，所以選在中秋節舞火龍祝福所有村民。過去村民會出動九條火龍，舞龍整整兩天，但因舞火龍的人來自不同組織，1980 年代曾發生衝突，導致打鬥流血事件，及後一度停辦。直至 1997 年，父老輩合力復辦，但規模縮小，只紮一條火龍，在農曆八月十五晚舞動一天。❹ 2013 年，再有八條火龍共舞，並以「七星伴月」為題，至今仍然以「七星伴月」形式分別於香港仔及薄扶林村巡遊。

火龍紮作及活動流程

火龍由禾稈草配以竹枝紮作而成，長約七十米，需由三十六人同時舞動，龍頭為一個甲字的骨架，以兩支電筒作為雙眼，加上大量鐵線和竹枝，插滿香枝後重量十足。龍頭只容一人藏身其中，稍缺臂力也難以舉起；舞動時還要經常叩拜鞠躬，是對個人體力的挑戰。龍頭與龍身之間以繩子串連，龍鬚是榕樹根，龍尾由葵葉造成，龍珠以沙田柚代替，插上木條和香枝便可舞動。❺

中秋節當晚，八條由禾稈草紮成的火龍將會在薄扶林村巡遊，首

❷ 陳天權：《香港節慶風俗》（香港：明報出版社，2012 年），頁 136。
❸〈舞火龍的來源〉，擷取自「薄扶林村文化環境保育小組」網頁 https://www.google.com/culturalinstitute/beta/asset/%E8%88%9E%E7%81%AB%E9%BE%8D%E7%9A%84%E4%BE%86%E6%BA%90/hgFC_Yu-q0EXcQ?hl=zh-TW。
❹ 陳天權：《香港節慶風俗》，頁 136。
❺ 同上。

學員正在製作龍頭（左）及龍身（右）（圖片由張宗澤提供）

先在村內的伯公塔和李靈仙姐塔前舉行拜祭儀式，為村民祈求家宅平安、吉祥喜慶；然後舞到瀑布灣，最後回歸大海，完成火龍入海儀式──「龍歸滄海」。⑥

　　整個程序如下：晚上六時三十分於薄扶林村村口舉行拜祭儀式；六時四十五分嘉賓進行點睛儀式；七時火龍起動，於薄扶林村南行巴士站對出兩條行車線作蟠龍舞動；七時十五分火龍入村參拜李靈仙姐塔，沿薄扶林道西行，橫過薄扶林道後，南行至西國大王廟參拜；七時四十五分沿薄扶林道西行，橫過薄扶林道，返回村口進行加香工序；八時於村口停留加香；八時十五分火龍入村參拜伯公壇及村民──大街──圍仔──龍仔督──菜園；九時三十分於薄扶林村以北菜園返回村口；九時四十五分停留村口補給香枝；十時火龍再次於薄扶林村南行巴士站對出兩條行車線起動；十時十五分徒步由薄扶林道往華富邨方向，橫過薄扶林道，沿薄扶林道南行至華富

⑥〈薄扶林村中秋火龍祭〉，擷取自「香港南區遊」網頁 http://www.travelsouth.hk/tc/sdtcf/277-mid-autumn-festival-fire-dragon-dance-in-pok-fu-lam-village。

道；十時四十五分到達華富道華樂樓對出行車線作蟠龍兩圈舞動；十時五十五分繼續沿華富道南行瀑布灣道至瀑布灣公園 —— 瀑布灣海灘；十一時十五分到達瀑布灣海灘進行拜祭及進行龍歸滄海儀式；十一時三十分禮成。❼

市民除可近距離欣賞插上逾萬枝線香的火龍在街上飛舞翻騰的優美姿態，體驗香煙繚繞、火光閃爍的難忘之夜，更可親手於龍身插上線香，祈求身體安康。

薄扶林舞火龍的保育與傳統文化的關係

舊社會平民醫療知識水平不高，人們面對瘟疫苦無辦法，便選擇一些現代人認為缺乏科學理據的迷信方法嘗試解決，湊巧這方法又有效，便持續地進行下去，舞火龍的出現或許便是如此。

舞火龍同時亦反映了村民敬重天地和祖先的精神，以及渴望得到祝福和帶來吉祥的願望，即使在殖民地時代，也無損薄扶林村對這個傳統習俗的堅持。今時今日，香港已由小漁村變成國際大都會，但薄扶林村至今依然保留在中秋節舞火龍的活動，一些已遷走的村民更會每年特地回來參與。可以說，藉着舞火龍的活動，有效團結了村民，並增強了村民的歸屬感。中國人重視團結和家庭團聚，對於傳統的華人來說，中秋節除了嫦娥奔月的故事，還代表着家庭團圓，舞火龍正好可讓薄扶林村的村民藉此歡聚一堂，共慶佳節。舞火龍除了蘊含着傳統中華文化外，亦是有着悠久歷史的本土習俗，保育並傳承，不單有助保留傳統中華文化，更可增加香港市民的本土歸屬感。

❼〈2015 中秋夜薄扶林舞火龍安排〉，擷取自「薄扶林 @ 港島西郊」網誌 http://pokfulamhongkong.blogspot.hk/2015/09/2015.html。

結語 隨着薄扶林舞火龍被列入香港非物質文化遺產代表作名錄，相信會有愈來愈多人關注薄扶林舞火龍。此外，筆者認為政府可加強中小學的宣傳，如：舉辦學校講座、考察，支援學校以不同形式的探討及認識舞火龍活動；同時亦應加強對外宣傳，例如與不同媒體合作，製作專輯，向更多香港人介紹薄扶林村的舞火龍。只有民間和政府共同努力，才可以令更多香港人認識這個歷史悠久、深具傳統中華文化精萃的本土風俗。

延伸思考

Q1. 如何在商業化以外，更好地保存薄扶林舞火龍？

Q2. 如何把這個習俗紮根到社區中去？

參考資料

〈2015 中秋夜薄扶林舞火龍安排〉，擷取自「薄扶林 @ 港島西郊」網誌 http://pokfulamhongkong.blogspot.hk/2015/09/2015.html。

〈香港非物質文化遺產 —— 薄扶林火龍〉（展覽），擷取自「香港科技大學華南研究中心」網頁 http://schina.ust.hk/zh/%E5%B1%95%E8%A6%BD%EF%BC%9A%E9%A6%99%E6%B8%AF%E9%9D%9E%E7%89%A9%E8%B3%AA%E6%96%87%E5%8C%96%E9%81%BA%E7%94%A2%E2%80%94%E8%96%84%E6%89%B6%E6%9E%97%E7%81%AB%E9%BE%8D。

陳天權：《香港節慶風俗》，香港：明報出版社，2012 年。

〈舞火龍的來源〉，擷取自「薄扶林村文化環境保育小組」網頁 https://www.google.com/culturalinstitute/beta/asset/%E8%88%9E%E7%81%AB%E9%BE%8D%E7%9A%84%E4%BE%86%E6%BA%90/hgFC_Yu-q0EXcQ?hl=zh-TW。

〈薄扶林村中秋火龍祭〉，擷取自「香港南區遊」網頁 http://www.travelsouth.hk/tc/sdtcf/277-mid-autumn-festival-fire-dragon-dance-in-pok-fu-lam-village。

訪問錄

受訪者：蕭昆崙先生

訪問者：張宗澤

訪問日期：2017 年 9 月 18 日

稿件整理：張宗澤

受訪者簡介：

蕭昆崙，薄扶林村村民，參與文化環境保育小組、籌辦火龍會及街坊福利會等。從小接觸薄扶林舞火龍，現時致力於大大小小的推廣活動，希望可以令更多人認識薄扶林舞火龍。

訪問者與受訪者蕭昆崙先生（中）合照

薄扶林舞火龍有什麼要素促使它值得保留？

蕭昆崙：薄扶林村在百多年前已有舞火龍這個活動，至今已有超過一百年的歷史，這種流傳已久的活動是絕對值得保留的。這活動不單只是薄扶林村的集體回憶，更是薄扶林村的承傳文化。百多年前，村落發生過瘟疫，就是大家曾有耳聞的豬瘟，雞瘟。以前的科技不發達，出現瘟疫便要燒香燭，利用

135

燒東西所產生的煙驅瘟疫，並帶着這些燃燒物在豬棚附近跑來跑去。每個人都這樣做，最後發現有些少效果便繼續做。中國人把龍放在一個非常尊崇的地位，隨着時間的變化，火龍的形態慢慢地演變出來。選在中秋節舞火龍，是因百多年前人人都努力耕種，相聚時間少，中秋節是最人齊的時候，這時候舞火龍是最好不過，可以增強村民的凝聚力。

薄扶林村火龍的工藝有什麼特色？

蕭昆崙：這種工藝的最大特色在於製作時間長，亦需要較長的時間磨練技藝。製作一條火龍所需的時間因應不同的人手和天氣情況而定，如果一切順利的話，約需兩個星期。薄扶林舞火龍的手工藝術不敢與大坑舞火龍的相提並論，不過每一個地方都有特色。其實薄扶林村的火龍和大坑火龍兩者都是透過種類相似的禾草和竹枝製出火龍形態。雖然說兩者所需的材料差不多，不過兩個地方所用的草還是有少許不同，大坑火龍所用的草是珍珠草，比較輕身，薄扶林村所用的則是普通的禾草與竹枝。

在傳承火龍製作技藝上有否遇到困難呢？

蕭昆崙：年輕人往往不願意花太多時間學習火龍的製作技藝，而且亦欠缺足夠的耐性磨練技藝。現今科技發達，有大量不同的新事物吸引着年輕人的注意力；而且這種傳統工藝每年只有一次的機會給予年輕人接觸，接觸機會太少，令到年輕人在這方面只有片面的認知，難以引發興趣。所以在傳承手工藝上最大的問題是需要花費長時間磨練製作火龍的技藝，由現在開始要想辦法在這些限制下，讓年輕人有多些接觸製作火龍技藝的機會。

現時政府把薄扶林舞火龍列為非物質文化遺產，您認為政府對保育舞火龍的政策支援足夠嗎？

蕭昆崙：政府反應一向慢熱，所以在支援不足的情況下，我們要另外用一些有趣的方式推廣，令到年輕人願意親身接觸這門技藝。以前只有村民接觸和學習這門技藝，現在要從細節位開始讓年輕人學習，例如讓年輕人學習紮草，

藉此培養新世代在文化傳承上的責任感，因為舞火龍和紮火龍都需要接班人，所以不論村裏人還是村外人都想讓他們接觸這些文化。除了在中秋節外，日常也有籌辦火龍紮作工作坊，亦有獲得資助前往一些學校進行火龍的文化推廣，九龍、新界地方都有。為了保育舞火龍，培養人才到不同地方進行推廣是必須的，藉此增加大眾對舞火龍的興趣。而且舞火龍的保育應盡可能減少商業色彩，傳統文化的保留愈純粹愈好，所以希望與文化保育有關的組織合作，共同推廣薄扶林舞火龍。年輕人時常覺得傳統文化非常沉悶，所以增加舞火龍自身文化的吸引力亦是重要的一環。雖然非商業化的推廣手法難以在短時間之內吸引到廣大市民的注意，但可以紮根於本區社群。若然文化保育操之過急，容易令該傳統習俗變質。在不失傳統文化的意義之下，又能吸引到新世代的注意，是保育薄扶林舞火龍的宗旨。

13 正一道教儀式傳統

林浩琛

正一道教儀式傳統源自張天師張道陵於東漢末年在巴蜀漢中，創立「正一盟威道」教團演變而來，唐朝年間，傳入廣州，正一道教開始影響廣州的宗教文化。香港的正一道教是明朝以來傳入廣州的流派，1945 年後大量廣州的道士到香港定居時，將正一道教儀式傳入，漸成香港紅白二事的主流儀式。現時正一道教儀式的傳承，主要靠香港的道士以職業層面來傳承。

正一道教儀式是香港紅白儀式的主流（圖片由陳鈞道長提供）

正一道教儀式傳統的起源

正一道教儀式傳統是一種融入社會的道教派別和儀，因時代變遷而經歷興衰，逐漸發展為今天的正一道教儀式傳統。

正一道教儀式傳統起源於東漢末年，張天師在巴蜀漢中稱「正一盟威道」而創立教團、教制和儀式禮制。張天師建立出二十四治有層級性的道教教區結構。唐朝極為推崇道教，如高宗年間大建道士觀，廣東與惠州的兩座元妙道觀也是當時所建，並依道法齋醮。❶

發展至宋代以後，正一派作為地方社團活動及廟宇儀式主要代理人，❷ 清末《番禺縣志》記載：「粵無巫，以火居道士（按：即正一道士）充之。所居門首，懸牌著其姓稱道館，街陌鄉市道館最多。」可見當時廣東已有大量道館，並有不少人從事着各種紅白法事工作。❸ 及後，正一道中發展出正一（即紅事）和祈福（即白事）兩大派別。當時火居道士包攬所有的傳統宗教法事。

後來因時局變遷，1928 年和 1936 年國民政府兩次下令禁止全國的道教儀式，所有的正一道院遭到封閉，正一道自然備受打擊，使不少廣東道士為生計逃往香港，其中多來自廣州、南海等地。❹ 文化大革命時期，再次有大量廣州民眾逃至香港，增加了正一道士的市場需求，令香港的正一道教儀式成為社會宗族、廟宇的主流。

❶ 黎志添：《廣東地方道教研究 —— 道觀、道士及科儀》（香港：香港中文大學出版社，2007 年），頁 1。

❷ 同上，頁 4。

❸ 黎志添：《廣東地方道教研究 —— 道觀、道士及科儀》，頁 4 – 5；《番禺縣志》。

❹ 同上，頁 5、167。

正一道教儀式傳統的特色

正一道教是社會各種活動的儀式舉辦者，明太祖曾言：「正一專以超脫，特為孝子慈親之設，益人倫厚風俗，其功大矣哉。」❺ 香港現時不再分正一或祈福，均稱為正一，主要分為紅事的打醮和白事的打齋。先論打醮，香港特別是新界區有大量的打醮活動，均有一定週期循環，短的有每年一次的長洲太平清醮，長的有如上水的六十年一次的打醮，作用均以祈福安境為主，儀式往往由鄉民世代口耳相傳。新界大部分的醮儀由龍虎山正一派的道士主理，當然每個地方會因應其地方特點於儀式細節上有所不同，但主要仍可分為三種，舉行一至兩天的醮儀稱作「洪文清醮」、四至五夜的為「太平清醮」、五天六夜的為「羅天大醮」。❻ 事實上羅天大醮與太平清醮在建醮的內容上並沒有太大分別，僅次序和次數有別，取三天四夜的太平清醮說明：❼

前一天：上第三表 → 取水淨壇 → 場旛 → 迎神登壇 → 啟壇 →
　　　　發奏

第一天：啟壇迎師 → 三朝三懺 → 行香 → 分燈 → 進燭 → 打武
　　　　→ 禁壇 → 祭小幽

第二天（正醮之日）：三朝三懺 → 啟人緣榜 → 禮斗 → 迎聖

第三天：三朝三懺 → 頒赦 → 放生、放水燈 → 謝旛 → 祭大幽

第四天：酬神 → 化榜 → 送神 → 行符

不論太平清醮或羅天大醮均是第二日為正醮之日，並在正醮之日後進行三朝三懺，其他的醮儀只是次序有別。

要談特別具有香港鄉村特色的儀式內容，不得不論及「打武」，

---

❺ 同上，頁3。

❻ 蔡志祥、韋錦新、呂永昇：《儀式與科儀：香港新界的正一清醮》（香港：香港科技大學華南研究中心，2011年），頁3。

❼ 同上，頁5。

打武的前半部分為敕水淨壇，以聖水淨壇。淨壇後上演打武儀式即請五方兵馬前來聚集，打武包括五項武藝，一、舞紅纓槍，二、舞火蓆，三、投火球，四、火流星，五、舞火盂，這些表演需要相當純熟的技藝。⑧ 近年，各道館對於醮儀的次序未有太執着，一說傳統科儀的次序可有所替換，⑨ 一說現在缺失了傳統的道教價值觀，脫離原來建醮應有的次序和每個項目的結構。⑩

不論如何，醮儀對社區有極大的凝聚力，如長洲太平清醮，吸引大量長洲原居民共同努力籌辦。⑪ 社區借醮儀作祈福之用，令區內居民有着同一信念，藉此創造和睦的社區。同時，醮儀中蘊藏着不少中國傳統思想和文化，因中國地方長期以小社區形式組成，故醮儀也分為各個區域、並無一處統領的情況。於部分儀式中也反映有關的傳統思信，如啟榜儀式，就是把有份建醮的人的名稱貼於榜上，唯有榜上有名的人才能藉禮斗儀式獲得福澤。⑫

而在白事的打齋儀式也可分為三大類：一為殯葬業之打齋儀式；二為圍村中所保留的打齋儀式，其打齋儀式更貼近傳統道教儀式；三為現時的道觀如青松觀等，以誦經禮懺為主的打齋儀式。現以與香港人生活有關的殯葬業之打齋儀式（下簡稱「喪葬儀式」）作一簡短介紹。

以往的喪葬儀式往往要數天才能完成所有法事，但因香港人講求效率，只保留着喪葬儀式中的基本流程和結構。⑬ 由以往最短需要三天

⑧ 黎志添：《廣東地方道教研究 —— 道觀、道士及科儀》，頁 197。
⑨ 蔡志祥、韋錦新、呂永昇：《儀式與科儀：香港新界的正一清醮》，頁 21–26。
⑩ 黎志添：《廣東地方道教研究 —— 道觀、道士及科儀》，頁 199。
⑪ 詳見長洲太平清醮訪問。
⑫ 蔡志祥、韋錦新、呂永昇：《儀式與科儀：香港新界的正一清醮》，頁 19。
⑬ 黎志添：〈香港道教齋醮中的「祭幽」儀式與現代社會的意義關係〉，載郭武主編：《道教教義與現代社會：國際學術研討會論文集》（上海：上海古籍出版社，2003 年），頁 458–481。

到現在約四小時的喪葬儀式，當中的儀式包括：開壇請聖、啟靈招亡、開經拜懺、破九方地獄門、引亡魂遊十王冥殿、沐浴、過金銀仙橋、散花解冤、祭幽、送亡離位。當然道士並不能於四小時內完整演練出所有的儀式細節，只是象徵式的演示，但當中包含着傳統道教的思想。⓮

由於傳統佛道相融，道佛均會禮懺誦經，首三項儀式是通過請神降臨齋壇保佑和救贖前往陰間的先人，藉以減少先人甚至後人在陰間和陽間所受的折磨及報應。通過經文中天尊上聖的法音，令亡魂對生前的錯事懺悔並得到免罪，而喪葬儀式往往會以「青華誥懺科」來超度亡魂，超度和救贖亡魂正是道教起初設立的原意和基礎教義。⓯

及後的破地獄至祭幽，正如李豐楙所言：「是試圖經由諸般儀式落實，實踐道家哲學中生命歸根復命的精神，讓亡魂回到生命的初

祭幽儀式（圖片由陳鈞道長提供）

⓮ 梁美儀、張燦輝：《凝視死亡：死與人間的多元省思》（香港：香港中文大學出版社，2005 年），頁 62－63。

⓯ 同上，頁 63。

始。」⑯ 破地獄是為了讓先人脫離地獄輪迴，並透過隨後的儀式為亡魂重生，藉以消除先人的罪和希望先人能超度成仙。於儀式中，道士與後人共同參與「協助」先人成仙，後人藉此向先人盡孝道，並在某程度上也為自己積功德。祭幽除了是希望先人不被打擾外，更顯露出道教的大愛精神，希望在超度，送別先人的同時也能救濟其他孤魂野鬼，最後的送亡離位則代表先人正式離開人間與儀式的結束。⑰

正一道教儀式傳統的傳承

　　正一道教儀式傳統的傳承非常特殊，是少數能夠在傳統文化中以職業導向作定位，至今依然蘊含極大的商業和宗教成分，令傳承技藝上相對容易。同時正一道教的道士均是中華道教僑港道侶同濟會的會員，全港六間殯儀館和二十二間正一道堂的道士均為會員。中華道教僑港道侶同濟會不如一般的社團組織，是工會性質的團體，故令行業間在資訊互通、技藝保護等方面依舊做得相當出色。⑱ 同時，香港近年設有不少的殯儀課程培養有關人才，各大慶典如各區的太平清醮等對正一道教儀式亦有大量需求，故在傳承方面未見有太大危機。

結語 正一道教儀式傳統起源於東漢末年，以服務、救濟大眾為核心，當中蘊含着東漢以來的道教傳統思想如救贖、大愛等美德，隨着歷史演變，這項儀式成為了一項職業，並於香港殯葬業佔重要地位。正一道教儀式不論在傳統祈福祭禮或喪葬上均可說是傳統道佛信眾不可缺少的一部分，聯繫並凝聚着香港道佛信眾的社群，被列入香港非物質文化遺產代表作名錄，更是對正一道教儀式傳統的文化價值的一種肯定。

⑯ 李豐楙：〈道教齋儀與喪葬禮俗複合的魂魄觀〉，載《儀式、廟會與社區會議論文集》（台北：中央研究院中國文哲所籌備處，1996 年），頁 479。
⑰ 梁美儀、張燦輝：《凝視死亡：死與人間的多元省思》，頁 64－67。
⑱ 黎志添：《廣東地方道教研究──道觀、道士及科儀》，頁 170－177。

延伸思考

Q1. 正一道教傳統儀式如何有助宣揚孝義？

Q2. 職業化發展如何有助傳承？

參考資料

李豐楙：〈道教齋儀與喪葬禮俗複合的魂魄〉，載《儀式、廟會與社區會議論文集》，台北：中央研究院中國文哲所籌備處，1996 年。

梁美儀、張燦輝：《凝視死亡：死與人間的多元省思》，香港：香港中文大學出版社，2005 年。

蔡志祥、韋錦新、呂永昇：《儀式與科儀：香港新界的正一清醮》，香港：香港科技大學華南研究中心，2011 年。

黎志添：〈香港道教齋醮中的「祭幽」儀式與現代社會的意義關係〉，載郭武主編《道教教義與現代社會：國際學術研討會論文集》，上海：上海古籍出版社，2003 年。

_____：《廣東地方道教研究 —— 道觀、道士及科儀》，香港：香港中文大學出版社，2007 年。

訪問錄

受訪者：梁德華主席、黎志添教授、陳鈞道長

訪問者：高寶齡、容文傑、區志堅、林浩琛、陳鍵宇

訪問日期：2017 年 10 月 3 日

稿件整理：區志堅、林浩琛、陳鍵宇

受訪者簡介：

梁德華，現為香港道教聯合會主席，亦為蓬瀛仙館理事長，是次訪問以香港道教聯合會主席身份出席。

黎志添，現為中文大學道教文化研究中心主任、文化及宗教研究系教授。

陳　鈞，現為沙井鎮陳氏廣生堂陳九道壇第七代的傳人。

訪者問與受訪者合照

正一道教儀式傳統有什麼要素促使它被列入香港非物質文化遺產代表作名錄？

黎志添：如果以道教學者的角度看，正一道教儀式傳統具備地方社會文化和宗教文化的傳統價值，是值得被列為非遺的文化項目。很多中國的地方習俗傳統與道教傳統息息相關，正一傳統與全真的公館形式存有不同之處，正一傳統的道士以火居為主，這意味與地方社會有着較緊密的結合。因此，不少

145

地方節慶活動包括長洲太平清醮，甚至以往的舞火龍也是由火居道士進行法事儀式。由此可見，正一道教儀式傳統在華人社會的滲透性和影響性很大。香港是一個有着相當濃厚的中華文化的社會，香港受傳統道教影響深遠，特別是正一道教。正一道教儀式傳統被列入香港非物質文化遺產代表作名錄之中，是大眾歡迎和認同的事情。事實上，近六成至七成的香港華人家庭在處理喪葬儀式時會採用正一道教儀式傳統，再次證明正一道教儀式在香港的文化地位。保護這種具普遍性、廣泛性的文化，正正符合非遺設立的用意。

陳　鈞：作為業內人士，我認同把正一道教儀式傳統列入香港非物質文化遺產代表作名錄，對社會、政府和宗教界均是好事。道教的歷史源遠流長，有千支萬派，當中以正一和全真兩大支派較普遍。正一道士自傳入廣州以來均以火居的身份散落於民間，可以說是與地方社會不可分割的。正一道教的儀式與全真的儀式有別，市民於日常生活所見的道教法事均是由正一火居道士所主理的。生活上小則安灶，大則清醮，多由正一道士負責，可見正一火居道士與香港市民生活息息相關。時至今天，非常樂見政府認同正一道教儀式傳統的文化，將它列入「非遺」代表作名錄，希望藉此加強這項傳統文化的傳承。

政府在推動正一道教儀式傳統上有何成功之處？

黎志添：政府了解正一道教儀式傳統在香港社會的重要之處，因道教圍繞着香港大部分華人市民的日常生活，包括信俗、科儀、節慶上均可見到道教的元素。因此，把正一道教世俗化，列入香港非物質文化遺產代表作名錄，可令政府和市民對正一道教儀式傳統增加了解和認識。同時，政府也投放了不少的資源於非遺宣傳上，當然包括正一道教儀式傳統。

政府在推動正一道教儀式傳統上有沒有需要改善的地方？

陳　鈞：首先要肯定香港政府近年在推廣非遺上投入了不少資源，若指有何可以進一步優化的地方，應該是香港政府對正一道教儀式傳統，甚至對道教的

了解不足。香港政府的宣傳往往流於宏觀的儀式層面，對當中的細節沒有進一步考究，未能令市民知悉正一道教儀式傳統的價值，例如當中的歷史緣由、儀式文化、地方認受性等，政府官員均沒有準確了解。希望政府官員能加強與不同的業界代表進行會談，加深了解，改善宣傳流於表層的情況。以正一為例，正一各派雖然同源，但經歷數代後，各派在傳承的形式和儀式內容上均有不同，這些的不同往往是因為傳承過程中，因地域不同、文化不同、族群不同等而出現的正一派之間的「文化差異」。

政府應否為正一道教儀式傳統確立傳承人，以便世代傳承？

梁德華：香港曾經是英國殖民地，在英國政府的放任政策下，正一派，以至整個道教均未有被扶助。在歷史的巨輪下，各個派別的道長各自在自己的社區中傳承自己所學的道教。經歷幾代後出現各種的道堂、派別，並沒有系統性的整理和記錄，導致道脈混亂的情況。即使道脈清晰的道堂也不能擔當整個派別的「傳承人」，因各道堂均指自己是正統，故不太可能讓政府「任命」傳承人，這會導致道教各道堂間的不愉快，亦有違道教精神中包容的原意。當然現在礙於行政上的規範，必須由某一機構、道堂進行申請，但負責申請的機構、道堂不能也不應代表整個派別，有關的機構、道堂只是為了保育文化而作為「代勞者」。

黎志添：有沒有傳承人的確是聯合國挑選非遺項目的其中一項指標，但並非必要的，反而該文化是否有着廣泛性和影響性更重要。若勉強確立傳承人，則有可能出現傳承的不協調。其他的一些非遺項目如紮作、涼茶等，也不太可能出現具有公信力和代表性的傳承人。現代社會，這些習俗傳統大部分都是非組織性的，政府也不太需要投放大量的資源為非遺項目進行有系統的組織，這反而能夠更好地讓同一個非遺項目下的各種派別都得以保存。由此可見，政府若要為非遺項目確立傳承人是有很多限制和困難的，現時這種不確立傳承人的狀況，反而有助非遺項目繼續尋求傳承的可能性，故不應把傳承人的問題看得太重。

14 / 食盆

張宗澤

　　也許大部分香港人都不知道食盆一詞何解,但卻對盆菜感到親切,社區社團的盆菜宴、大小食肆的節日盆菜推廣,久而久之,盆菜已成為深受普羅大眾歡迎的中式節慶食物。其實食盆對於香港新界圍村來說有着重要的意義。

族人圍坐同吃盆菜有凝聚族群的作用(圖片由 Grace Yan 提供)

食盆的由來

　　盆菜是新界圍村居民在不同場合例如喜慶日子,用一個木盆或金屬盆子裝滿不同的食物的一道菜式。對於盆菜的起源,坊間眾說紛紜,其中以宋帝昺南逃新界避難,圍村村民欲熱情款待,卻沒有足夠器皿盛載食物,只好使用大型木盆將菜餚放在一起,發展成盆菜之說

冷知識

你知道嗎？以屏山鄧氏為例，其實很多時傳統圍村盆菜用的豬肉，是來自「老到不能再老」以及的「生到不能再生」老母豬。

最為普及。❶ 不過，新界原居民鄧達智認為，這或許只是一個「美麗的誤會」，他指出，宋朝皇室確有到過新界，因為有與姓鄧的祖先結婚的記載，但盆菜形式的食品並非新界獨有，很多中國的少數民族，如湖南、廣東連南一帶，他們拜祭時均會帶備肉、酒，在祖先墳前烹煮，寓意是與祖先共同享用。這種拜祭方式與新界圍村的「食山頭」類同，因在上山祭祖時，難以攜帶大量碗碟，最方便就是帶備一個大盆進行烹煮。以盆盛熟肉共吃之的習俗，在各不同民族中留傳已久，歷史遠較宋帝昺南逃新界避難久遠，相信這才是盆菜的正式起源。❷ 總括而言，對於盆菜的由來，暫時尚未有統一的說法。

新界鄉村於祭祀、打醮、婚嫁、添丁「點燈」、祠堂開光等場合，多會烹調盆菜饗客，稱為「食盆」，族人圍坐而食，象徵團結。盆菜是新界鄉村保存至今的一項獨特飲食文化，不但起着維繫族群的作用，而且也具有確認宗族成員身份的社會功能。❸ 盆菜其實只是一些普通的鄉村食品，不過由於其獨特的歷史背景，新界的圍村居民就把這道食品保留下來，並在特定日子才製作，逐漸形成「食盆」一詞。

正宗的傳統盆菜，豬、雞、鴨、鵝、魚、蝦、蟹、魚球等均可作為主要餡料，配料則有門鱔乾、蝦乾、豬皮、枝竹、蘿蔔等，當中以燜豬肉最考廚藝。各項材料經烹製後，一層一層地疊置在盆中，最下層為易吸收餡汁之食材如蘿蔔、門鱔乾、豬皮、枝竹等；中層為豬肉；上數層則為雞、鴨、魚、蝦等。吃的時候應一層一層的往下吃，順序又衞生。現代人則會以公筷先從底層撈起，沒有什麼順序之分。❹

❶ 鄧達智、鄧桂香：《元朗四季好日子》（香港：飲食天地出版社，2013 年），頁 130。

❷ 莊春雷：〈屏山仍保留傳統，九缽盆菜宴〉，《香港商報》，2014 年 3 月 7 日，擷取自網頁 http://www.hkcd.com.hk/content/2014-03/07/content_3312697.htm。

❸〈食盆〉，擷取自「非物質文化遺產辦事處」網頁 http://www.lcsd.gov.hk/CE/Museum/ICHO/zh_TW/web/icho/representative_list_sek_pun.html。

❹ 鄧昆池、鄧黃文莊：〈愛國情懷話珍饈 —— 盤菜〉，《德明會訊》，2012－2015 年度第七期（2014 年 7 月 15 日），頁 3，擷取自網頁 http://www.tmaa.ca/PDF/TMAA_HK_2014-07-15_Magz19.pdf。

現今食盆發展

　　現時香港的圍村依然有食盆的活動，不過已沒有以往般興盛，因為年輕人或因工作繁忙，或因搬離圍村在外面居住等因素而缺席，更重要的原因是新一代的圍村年輕人遠沒有他們的父輩重視這個傳統飲食活動，因此，現時圍村舉辦食盆活動時，出席的人士都以年長者為主。⑤

　　值得一提的是，今天在香港看到的「過年盆菜」，其實只在市區才能找到，新界圍村並沒有這個習慣。「食盆」在新界圍村只出現於紅事或白事儀式上，例如祭祀、打醮、婚嫁、添丁「點燈」、祠堂開光等，團年和開年之類的家庭團聚時刻是不會「食盆」的。⑥

　　原本只在圍村出現的食盆，現時在市區已隨時可見，只是並不具圍村食盆的意義。這種差異，是因兩者對盆菜意義的重視有所不同而

圍村的盆菜宴以年長人士為主（圖片由 Grace Yan 提供）

---

⑤ 陳天權：《香港節慶風俗》（香港：明報出版社有限公司，2012 年），頁 16。

⑥ 張展鴻：〈飲食人類學〉，擷取自網頁 http://edblog.hkedcity.net/te_tl_e/wp-content/blogs/1685/uploads/Enriching_FST_Web_based/10_03_.pdf。

致，因為農曆新年是中國傳統節日，講求整個家族的團聚，所以現今普羅大眾會在過年時食盆菜，當中可見食盆文化的轉化，由圍村的族內認同變成全港的本土認同。

食盆與傳統的關係

食盆的意義與傳統圍村的宗族文化是有掛勾關係的。圍村聚族而居，講究單一姓氏和父權關係。圍村只在紅白二事才會食盆，因祭祀、打醮、婚嫁、添丁「點燈」、祠堂開光這類日子都與慎終追遠、認祖歸宗、新成員加入等傳統思想有關，而這些日子總是全村最多人的日子。舉辦地點主要在宗祠內或宗祠外的大空地進行，宴請村內的鄉親父老，主人家只會在村內顯眼處張貼告示，村民便會自動到來，在宗祠及大空地進食盆菜。❼ 邀請村內的鄉親父老參加盆菜宴，透過這種方法正式確認該位成員成為該宗族的一分子，所以，食盆是具有承認宗族成員身份功能。❽ 簡言之，因宗祠是一個可以連繫祖先和今人的地方，在此地方舉辦食盆，就意味着某人獲得歷代祖先和所有族人的認同，是一種身份認同；而且圍坐而食可以加強宗族成員的關係，有團結的意義，所以食盆本身具有身份認同作用和團結的意義。傳統中國文化重視慎終追遠、認祖歸宗的思想，食盆本身的身份認同作用和團結的意義的背後思想就是慎終追遠和認祖歸宗，亦可以藉此聯繫宗族成員。

❼ 華琛、華若璧：《鄉土香港：新界的政治、性別及禮儀》（香港：中文大學出版社，2011年），頁90-91。

❽ 區志堅：〈建構族群身份認同：香港屏山鄧氏口述史表述家族歷史記憶〉，載澳門理工學院編《口述歷史國際學術研討會論文集》（澳門：澳門理工學院出版，2014年），頁36-49。

結語 現時傳統圍村舉辦食盆時的氣氛，已沒有往昔的熱鬧。盆菜本身的形制亦發生改變，出現各種新式盆菜，市區人進食盆菜的日子與傳統圍村的亦有所不同。雖然盆菜已經被列入香港非物質文化遺產代表作名錄，但如果政府及社會大眾不認真重視其保育，只會令到食盆文化停留在形式層面，沒法保留其背後的思想和文化，若不重新定位，市民大眾就不能認識到飲食背後真正意義。

延伸思考

Q1. 為何盆菜的商品化可以取得成功？

Q2. 盆菜商品化是否代表了盆菜失真？為什麼？

Q3. 應如何促進大眾了解食盆文化？

參考資料

〈食盆〉，擷取自「非物質文化遺產辦事處」網頁 http://www.lcsd.gov.hk/CE/Museum/ICHO/zh_TW/web/icho/representative_list_sek_pun.html。

區志堅：〈建構族群身份認同：香港屏山鄧氏口述史表述家族歷史記憶〉，載澳門理工學院編：《口述歷史國際學術研討會論文集》，澳門：澳門理工學院出版，2014 年。

_____ 等編：《屏山故事》，香港：中華書局〔香港〕有限公司，2012 年。

張展鴻：〈飲食人類學〉，擷取自網頁 http://edblog.hkedcity.net/te_tl_e/wp-content/blogs/1685/uploads/Enriching_FST_Web_based/10_03_.pdf。

莊春雷：〈屏山仍保留傳統，九缽盆菜宴〉，《香港商報》，2014 年 3 月7 日，擷取自網頁 http://www.hkcd.com.hk/content/2014-03/07/content_3312697.htm。

陳天權：《香港節慶風俗》，香港：明報出版社有限公司，2012 年。

華琛、華若璧：《鄉土香港：新界的政治、性別及禮儀》，香港：中文大學出版社，2011 年。

鄧昆池、鄧黃文莊：〈愛國情懷話珍饈 ── 盤菜〉，《德明會訊》，2012－2015 年度第七期（2014 年 7 月 15 日），頁 3，擷取自網頁 http://www.tmaa.ca/PDF/TMAA_HK_2014-07-15_Magz19.pdf。

鄧達智、鄧桂香：《元朗四季好日子》，香港：飲食天地出版社，2013 年。

訪問錄

受訪者：鄧昆池先生
訪問者：張宗澤
訪問日期：2017 年 10 月 3 日
文稿整理：張宗澤

受訪者簡介：

鄧昆池，屏山鄧氏父老，屏山鄧氏第二十五代，曾為鄧崇德堂司理和塘坊村村代表，年近九十，有一妻四子。在台灣大學獸醫學系畢業後，回港曾任公務員，雖然年紀老邁，但依然堅持為屏山鄧氏撰寫族譜，著有《易查中文字典》一書，並為屏山文物徑導賞義工。

食盆有什麼要素促使它值得保留？

鄧昆池：食盆是族人的傳統文化，現時很多人利用傳統文化賺錢，盆菜就是一個好好的例子。雖然眾人聲稱要保留盆菜，但最後都是利用盆菜賺錢，即使市面不少食店聲稱他們的盆菜是正宗傳統盆菜，但大部分都不是，而是想利用盆菜的吸引力和所謂正宗傳統的名號來賺錢而已，這一種社會風氣是不值得鼓勵。坦白而言，每個盆菜的形制都是相差無幾，食盆保留與否並不重要，重要的是其背後的意義。

食盆的特色是什麼？

鄧昆池：以往的圍村裏多數於祭祀、打醮、婚嫁、添丁「點燈」、祠堂開光等場合才會舉行食盆的。而當提到食盆的由來，有論者認為食盆與食山頭關係密切，因為在拜山頭之後，族人會就地煮食，以盆為器皿，盆菜的形制由此而來。誠然此情此景會令人將兩者聯想起來，但缺乏詳盡的資料證明，所以兩者的關係是不大的。

要說到盆菜其中一個最重要的元素，是豬肉。以四個月大、六十斤重左右的豬隻烹調是最好的，因為這個時期的豬的肉質最好。但真正製作盆菜所用的豬肉大都是十多二十歲沒有人要的老豬，這些老豬的肉質非常差，要

花費較長的時間烹調，過程中要用南乳或其他醬汁來調味，才可以把這些肉質差的豬肉變得美味可口。不過家家醬汁和材料都不盡相同，因此圍村裏每家盆菜的味道都會有差異。豬肉的味道取決於醬汁的，而豬肉又是盆菜中一個重要的元素，推而論之，盆菜最大的特色就是燜豬肉所用的醬汁！至於說到最會燜豬肉的人，屏山鄧來發師傅可謂燜豬肉的能手，他現在已一百歲了。

食盆的傳承有否遇到困難？

鄧昆池：現時食盆在傳承上遇到的情況是不少人利用盆菜賺錢，盆菜淪為生財工具。現時外人想在圍村裏食盆菜的話，一個標準盆菜的價錢為港幣一千元，一圍一盤，一圍約十人左右，即一人平均消費約為港幣一百元左右，但製作盆菜的成本遠低於港幣一千元；而且會就進食的地點再作價錢調整，如要在鄧氏宗祠享用盆菜的話，就會調高價錢。所以在傳承食盆時，面對的其中一個情況就是盆菜淪為生財工具，令到大家漸漸忘記盆菜背後的意義。再者，現時族人在添丁時不再如以往一樣舉行食盆，而是在家裏與家人慶祝，這是食盆在傳承上面對的另一個難題。總括而言，傳承食盆遇到最大的困難是大眾漸漸忘記盆菜的背後意義。

您認為政府應否加強推廣食盆的保育？

鄧昆池：首先要大眾要明白，以盆菜來賺錢是一件不光彩的事。現今社會最需要大家自動自覺地保育傳統文化，食盆是圍村傳統文化的一部分，而盆菜的烹調並不花費太多工夫，製作盆菜的材料亦很容易獲得，所謂的傳統盆菜離不開豬、雞、鴨、鵝、魚、蝦、蟹、魚球等，均可作為盆菜主要餡料；配料則有門鱔乾、蝦乾、豬皮、枝竹、蘿蔔等。對於這種簡單的傳統食品，政府可以幫助到的並不多，如果食盆不靠大家自動自覺保育，反而要依賴政府的幫助才能保存下來，它的意義就會失去了。

盆菜餡料豐盛，常見有豬、魚球、豬皮、枝竹，蘿蔔等（圖片由 Grace Yan 提供）

有關自然界和宇宙的知識和實踐

15　涼茶

15 涼茶

邱威納

　　涼茶是中國古時嶺南一帶獨有的、流行的茶水，取材自多種藥草組合而成，不少人視之為民間智慧的象徵。時至今日，普羅大眾會在春意漸濃或夏日天時選擇於涼茶舖飲一碗涼茶，作祛濕消暑之用，老一輩更會親自購買藥材回家煲一壺自家製涼茶。隨着不少廣東人於二十世紀移民新加坡及馬來西亞，涼茶文化亦被帶至星馬一帶，令到涼茶不再局限於中國嶺南地區，廣傳至海外亞熱帶氣候的地區。其實，涼茶只是一個總稱，種類包括：廿四味、夏枯草、金銀花、火麻仁、盒仔茶、五花茶、王老吉……等等，品種繁多，各家各法。隨着涼茶被列為國家級非物質文化遺產代表性項目名錄，民間對涼茶的關注度愈加提高。

今天的涼茶舖的涼茶品種繁多（圖片由單眼佬涼茶舖後人提供）

涼茶的由來

　　涼茶一詞，從其字面解釋，即指由性味寒涼的藥物或食材組成的湯茶。涼茶發源於廣東，從地理環境和氣候條件上而言，廣東地區位處中國南方沿海，秋冬乾燥，冬季寒涼，春夏多雨，夏季暑濕相挾。加上地方水土特性和生活習慣，使人體易受濕邪入侵，溫病所困，容易上火或熱氣，而民間創造出涼茶的飲食防治方式是百姓積極進行自我保健的突出體現，而其處方基本上源於歷代流傳於民間的獨味單方。❶ 典型的涼茶取材多以中草藥為主，其中不乏嶺南地區的藥草。因此，飲涼茶逐成為廣東一帶特有的習俗，至今已有二百多年歷史，人們一年四季飲用不同的涼茶消熱保健。由此觀之，涼茶的出現與當時的嶺南地區的生活條件有關，同時廣東人的涼茶文化可說是調養身體，防患於未然。❷

涼茶的飲用功效

　　要了解涼茶的飲用功效，必要先知道不同的涼茶是針對不同的症狀。因為涼茶的出現與嶺南的濕熱氣候有關，若忽視注意所需就會適得其反，所以飲涼茶也可以很講究的。涼茶的飲用可分四大類：一、解感茶，主要醫治外感風熱、四時感冒或流感；代表藥材有板藍根，飲料有「石岐感冒茶」、「板藍根沖劑」等。二、清熱降火茶，主要適合內熱熾盛者於春、夏季飲用；代表藥材有金銀花、菊花、梔子、黃芩等，市面上飲料有「鄧老涼茶」、「夏桑菊涼茶」、「王老吉涼茶」等。三、清熱潤燥茶，適合秋季飲用，陰虛火旺者也可經常飲用，對於口乾、舌燥、乾咳者有良好的藥用功效；代表藥材有北沙參、玉竹、麥冬、天冬、銀耳等，飲料有「白雲山涼茶」、「潘高壽涼茶」

❶ 余自強：《涼茶天書》（香港：海濱圖書公司，2011 年），頁 6。
❷ 同上。

等。四、清熱化濕茶，適合高溫、多雨、濕熱的夏季飲用，對口氣重、面色黃、疲倦納差、胸脘痞悶、大便黃臭等有良好療效；代表藥材有菊花、茵陳、土茯苓等，飲料有「溪王草涼茶」、「五花茶」等。涼茶的飲用又可以說蘊含着一種因時而變、天人合一的生活方式，人的身體會因成長環境而有所不同，即使到了相同的地方，體質上也會有本質上的差別，所以應先了解身體狀況和環境的變化後而調製涼茶。❸ 只有掌握好身體的狀況和天時氣候而飲用適時的涼茶才是正確之道。

藥茶可用於內科、外科、婦科、兒科等，適用範圍廣泛，一般是由中醫師根據患者需要開藥方。藥茶既可防病，又能治病，還能延年益壽；既是治療慢性病的好方法，又可用於急性病的輔助治療。由此可見，藥茶在養生保健、衞生防疫、防治疾病方面均有廣泛應用。

由於傳統涼茶多用於祛濕、頭暈、發熱……等等，因而適宜上午飲用，通常於上午十時至下午三時這段時間內飲用，飲用的相應指引如冷服、熱服、溫服、睡前服……等等，但涼茶採用的多為中草藥，不應長時間過量飲用。飲用涼茶的禁忌，可大致分為臨床禁忌、配伍禁忌、飲食禁忌三個方面。臨床禁忌是指是指通過長期臨床診治觀察等，總結出的藥物對人體所產生的不良影響；配伍禁忌是指某些藥物不可相互搭配；飲食禁忌是指飲用涼茶期間不宜同時進食那些影響涼茶屬性發揮或產生不良後果的食物。❹

從飲用功效這一個層面而言，涼茶的出現反映了古代中國嶺南地區人士的生活經驗的累積，以及展示了當時的嶺南人選擇與大自然共存，想盡辦法適應它，這完全是一種文化本質上的特質。簡言之，當時的嶺南民間有追求生活上天人合一的傾向。

❸ 朱鋼：《草木甘涼——廣東涼茶》（廣州：廣東教育出版社，2010 年），頁 14。
❹ 余自強：《涼茶天書》，頁 10－11。

不同保健作用的涼茶（圖片由單眼佬涼茶舖後人提供）

涼茶的製法

已知涼茶的功效後，此處就會略談涼茶的製法。雖然煲涼茶的方法方便快捷，但某些事項仍需注意。選擇器皿時，傳統最常用的是陶瓷砂鍋，廣東民間稱之為茶煲，好處是不易與涼茶的原材料發生化學反應，受熱和傳熱的速度緩慢且平均；此外不銹鋼器皿和電熱壺也是合宜的選擇，它們的好處與上述的相差無幾。不過切勿使用鐵、銅、鋁等金屬器皿，因為其性質與上述的相反，可能有害於人體。❺ 在煎煮前需要先清洗中草藥及浸泡，浸泡時間大多為二十至三十分鐘，令藥效更易釋出。煎涼茶時加水的標準是浸過二至三厘米即可，至於煎煮涼茶所要的火力，可分為文火、文武火、武火三種，所謂「病在下宜文火，病在上宜武火」，正是如此。❻ 因為其簡單方便，粵港澳三地的每戶人家都懂得自己煎煮涼茶，即使不會自己煎煮，有需要時都會在外飲一碗，飲涼茶已經成為三地居民生活的一部分。

現代涼茶的發展

此處會以香港及廣東說明涼茶在近代的發展史。香港涼茶文化的發展歷程和香港的歷史是息息相關的。涼茶舖多以世襲的形式經營，一代傳一代。十九至二十世紀中後期，香港人普遍依賴中醫藥，對西醫缺乏信任，經常飲用涼茶以防治疾病。❼ 進入二十世紀二十年代後，粵港兩地的涼茶發展則出現了差異。二十世紀二十至五十年代是香港涼茶事業發展的黃金時期，街頭巷尾到處可見連鎖的涼茶舖，如於清朝已從廣州南下開分店的王老吉、1910 年前已開業的春和堂（單眼佬涼茶）。有些涼茶舖除了出售傳統涼茶外，還會售賣一些生草

❺ 余自強：《涼茶天書》，頁 8。

❻ 同上，頁 9。

❼〈香港涼茶〉，載施仲謀、杜若鴻、鄔翠文編：《香港傳統文化》（香港：中華書局〔香港〕有限公司，2013 年），頁 90－94。

藥，供市民買回家煲、煎服用。[8] 反之，自二十世紀三十年代開始，內地要求廢止中醫的聲音漸多，國人難以清晰認識到其價值，動輒貶之為不科學、迷信、落後。[9] 踏入二十世紀七十年代，西醫的普及化逐漸降低了人們對涼茶的關注度。涼茶經歷了時間的考驗和淘汰後，現存的涼茶舖只剩下一些大型的連鎖企業。同時，一些新式的涼茶亦應運而生，例如包裝式的涼茶飲料、沖劑，於涼茶舖、便利店及超級市場均可購得，以開拓更加廣闊的營銷市場。[10]

斗轉星移，涼茶的發展隨着時代的轉變而有所變化，所需要的涼茶品種亦因此有所不同。現代人的生活條件不斷改善，生活方式亦出現了很大的改變，戶外活動減少，常處於空調之下，體質與舊時人的體質會有所差別。所以有論者認為現代人的體質往往以體虛為主，但傳統涼茶藥性寒涼，現代人未必能適應，再加上經常熬夜，煙酒過量，令到毒素在體內不斷累積，但多數的傳統涼茶不具備排毒解毒的功能。因應現代人生活方式的改變，新型的涼茶便因此應運而生，如鄧老涼茶、白雲山涼茶、龜苓膏等。[11]

近年來涼茶的形象變得科學而時尚，不再是迷信和落後。如上文所言，現時更出現了罐裝和包裝涼茶，成為了一種時尚的保健飲品。如王老吉其中一個支派發展到香港，建立了香港王老吉國際有限公司。2007年夏天，王老吉涼茶就成功現身廣東地區的肯德基多家門店，以飲品身份打開了餐飲銷售大門，這情況可以說是大大提高了涼茶的知名度。[12] 香港亦出現不少連鎖式涼茶舖，如海天堂、養和堂，健康工房等。本文並非借此詳談涼茶舖，而是借一些涼茶舖的轉型和上

[8]〈香港涼茶〉
[9] 朱鋼：《草木甘涼——廣東涼茶》，頁34。
[10]〈香港涼茶〉
[11] 余自強：《涼茶天書》，頁6。
[12] 朱鋼：《草木甘涼——廣東涼茶》，頁48。

市的例子，指出涼茶在這種涼茶舖的變化下成為時尚的保健飲品，使涼茶的形象大為轉變。

保育涼茶的重要性

涼茶的原材料是中草藥，本身並沒有什麼文化意義，但在廣東一帶的氣候促使下，使得廣東人士就地取材，靈活地運用這些草藥，使人適應在古時被認為是瘴氣重的環境。由此可看出古時嶺南人的靈活變通和適應性。涼茶是香港老一輩的本土身份認同和情感記憶，涼茶文化是香港文化的組成部件，蘊含在香港人的生活之中，對於自小便長期飲用涼茶的人來說更是充滿回憶。[13] 雖然如此，但並不代表涼茶在新生代中不受歡迎，正如上文所述，經過包裝後的涼茶也可以很新潮。涼茶亦反映着嶺南的混合特色，涼茶結合了「飲食」和「醫學」，其製作概念源自中醫藥，融入飲食文化中，成為老少咸宜的保健飲品。而且，涼茶價錢相對一般藥物廉宜，在使用者的眼中，它適宜預防、紓緩和處理輕微的身體不適或疾病。

結語 涼茶可以代表粵港澳三地的生活文化以及歷史發展，隨着時代的變遷，涼茶亦與時並進，適應不同的時代所需。現時大眾對涼茶的認知已經愈來愈清晰，而且隨着不少涼茶舖轉型經營，涼茶包裝亦因此出現很大變化，如有罐裝和紙包裝，雖然製法上可能會與傳統的有所差異，但其食療作用依然存在，其方便性反而更能吸引生活節奏急促的香港市民購買。

[13] 胡亮：〈香港涼茶 —— 非物質文化遺產的研究〉，載《香港人類學》第 1 期（2007年），擷取自網頁 http://arts.cuhk.edu.hk/~ant/hka/documents/2007/HKA1_WU.pdf。

涼茶之所以成為國家級非物質文化遺產，主因它是一個可持續發展的歷史文化載體，又保留了古時民間的食療和生活智慧。涼茶在西醫未被普遍接受的時候，作為一種廉價的醫療藥方，顯露傳統民間智慧。時至今日，無論是上一輩的人，亦或是年輕一輩的人，都認為涼茶有相當的醫療作用，此種文化信仰並非着重其實際功效，而是在於涼茶在香港人心目中的觀念，亦反映了在西醫未被普遍接受的年代，涼茶作為民間藥方和民間智慧的重要性，可謂是凝聚了香港的華人社群，以及顯示了香港華人社群保健精神。要更好地保留涼茶文化，政府可多舉辦關於涼茶的展覽和多出版相關的書籍，而涼茶舖亦可以在店內展示涼茶的食療價值。這樣，市民大眾就不再是片面地透過口耳相傳知道涼茶的作用，而是能重新認識這具有悠久歷史，又能充分展示民間智慧的飲料。

延伸思考

Q1. 為何現時的人不會再去涼茶舖飲涼茶？

Q2. 年輕一輩的人已不懂煎涼茶，應如何改善這個情況？

參考資料

朱鋼：《草木甘涼 —— 廣東涼茶》，廣州：廣東教育出版社，2010 年。

余自強：《涼茶天書》，香港：海濱圖書公司，2011 年。

胡亮：〈香港涼茶 —— 非物質文化遺產的研究〉，載《香港人類學》第 1 期（2007 年），擷取自網頁 http://arts.cuhk.edu.hk/~ant/hka/documents/2007/HKA1_WU.pdf。

〈香港涼茶〉，載施仲謀、杜若鴻、鄔翠文編：《香港傳統文化》，香港：中華書局〔香港〕有限公司，2013 年，頁 90−94。

訪問錄

受訪者：李李玉梅女士、李先生
訪問者：高寶齡、邱威納
訪問日期：2017 年 10 月 22 日
文稿整理：邱威納

受訪者簡介：
李李玉梅，春和堂第三代傳承人遺霜。
李先生，春和堂的第四代傳人。

「春和堂・單眼佬涼茶」這個名字從何而來？單眼佬與春和堂又有何關係？

李先生：「單眼佬」是街坊對我太公李鏞昌的暱稱，而春和堂是我們的店名，現已傳承第四代。當時太公在油麻地開涼茶舖時，街坊誤以為他盲了一隻眼，而那個年代的街坊之間會以暱稱互相稱呼，就是這樣他被人稱為「單眼佬」。這個稱呼一直延續到後來開業賣涼茶。由於街坊一向稱太公為「單眼佬」，久而久之，店舖在別人口中便成為「單眼佬涼茶」。而春和堂這個名字的由來可謂深受時代影響，以前的店舖多以「堂」、「號」命名，我們也不例外，春和堂遂成為店名。然而，街坊偏向稱「單眼佬涼茶」而非「春和堂涼茶」，可能是「單眼佬」這個綽號更為親切。以往我們沒有任何宣傳，只靠口碑相傳，街坊便以「飲涼茶、就單眼佬啦」一句直接了當的口號為我們宣傳。

您太公的年代是否只賣涼茶？他本身是中醫師嗎？

李先生：太公並不是中醫師，至於是否有家族傳承中醫學知識則無從稽考，因為資料已經散佚。太公有獨門秘方做涼茶，當時基於街坊需要，日常以「執藥」為主，對於貧苦大眾，太公甚至贈醫施藥。店內主要賣廿四味和五花茶，既迎合到成人與小朋友的口味，又具有清熱或潤肺功效，以及基本療效的生草藥。以前彌敦道、深水埗、上海街和廟街人口比較密集，是苦力及小販的集中地，而當時冷氣機並不普及，他們要到店內乘涼，便成為我們的

主顧。及至我爺爺的年代，他向銀行借貸擴張業務，開始售賣參茸、全面性山草藥、自家製涼茶包及自製藥丸、油、膏等產品。我們在廟街及旺角上海街的店舖設有百子櫃為街坊「執藥」，其他分店則只賣涼茶和五花茶。

為何以前有賣山草藥及一些藥品，現在則沒有？

李先生：這是由於政府的監管所致。政府對山草藥進行監管，我們很多藥品要收起不能售賣，原因並不是因為我們藥物的成分含有禁藥，而是政府要求所有擺賣的藥物都要經過化驗，而化驗一次動輒花費數十萬元，並且每年要化驗一次，我們是小店形式經營，利潤微薄，難以負擔。我們是同意要監管的，但是因為來得太突然，而且化驗的費用昂貴，長遠來說，要保持品質，在成本上，我們如何應付呢？

您們在傳承方面有困難嗎？

李先生：由於時代變遷及資金所限，傳承是十分困難的。隨着本港草藥種植和涼茶店的式微，很多涼茶舖因難以維生而紛紛轉型。昔日很多人以喝涼茶的方式來調理身體，時移世易，市面上的品牌多了，別人不一定光顧我們的老字號。此外，以往很多街坊難以負擔去醫院求診的費用，有病便會來店中找掌櫃「執藥」，涼藥舖所賣的山草藥逐漸成為生活必需品；現在則不然，人們主要看西醫。加上隨着土地開發，愈來愈少人栽種山草藥，使之價格上升，但我們又不願為了利潤而偷工減料，這也是我太公一直秉持的宗旨。為了應對時代的變遷，我們會在太公的理念下緩緩改變，希望在老街坊接受變化的同時，能夠吸引新的顧客光顧。

有沒有考慮從涼茶包裝、宣傳入手改變？

李先生：我們有考慮過相關的計劃，但受資金問題所限，一直擱置。如我剛才所言，我們一直秉持祖先的宗旨做生意，即是堅持品質。可是無論在原材料價格、工資，還有其他方面的支出均不斷上升，而涼茶是難以加價的。在這個前提下，如果我們要保持原有的品質做各式產品，則需要過百萬元投

資。我們正在計劃及分析經營模式，研究如何改善包裝迎合現今的市場，期望能保持傳統涼茶口味給普羅大眾。

您認為政府可以怎樣推動非物質文化遺產？

李先生：我認為政府可從教育的途徑加深大眾對這項非遺文化的認識，如從教科書開始，教導小朋友什麼是非物質文化遺產，可是我不建議用強迫的手法教育，例如將它成為考試題目，或強迫撰寫相關論文，相反要想方法提升他們對非物質文化遺產的興趣，例如舉辦導賞團，讓學生在參加導賞團後，加深了對非物質文化遺產的印象，然後自然而然地在生活中注意相關的資訊。

您覺得民間可以如何配合推廣非物質文化遺產？

李先生：同樣地，我認為民間亦可以用輕鬆的態度對待非物質文化遺產，從生活上自然接觸即可。例如現時網上掀起談論「店貓」，因為貓是涼茶舖、海味舖的標記之一，年輕人可能會好奇涼茶舖有貓的原因，藉着對「店貓」這個標記的好奇，進而對涼茶舖產生興趣，然後發掘涼茶這一個非物質文化遺產，這就是以輕鬆的態度對待非物質文化遺產的例子，以議題形式討論對非物質文化遺產的推廣則太嚴肅。

涼茶舖的設備（圖片由單眼佬涼茶舖後人提供）

單眼佬涼茶舖內一景（圖片由單眼佬涼茶舖後人提供）

169

傳統手工藝 ▶

16 古琴藝術（斲琴技藝）

楊家樂

　　古琴，又稱琴、瑤琴，是中國最早的撥弦樂器之一，擁有近三千年歷史。被列為「琴棋書畫」四藝之首的古琴，自古以來都是士大夫必修的技藝，故有「士無故不撤琴瑟」和「左琴右書」等說。古琴是中國歷來地位最崇高的樂器，其製作過程亦是各種中國樂器之中最為嚴謹、考究，而造琴藝術更被雅稱為「斲琴技藝」。「斲」音為「啄」，有劈、削及砍之意，斲琴即把木削劈成琴器，當中需經尋、斲、挖、鑲、合、灰、磨、漆、弦九個步驟，❶ 可謂是集音樂、手工藝甚至書法於一體的傳統技藝。

　　斲琴技藝起源於中國內地，在先秦時期已發展得相當成熟，❷ 而流傳到香港則是上世紀五十年代的事。當時，許多文人 ❸ 因為各種原因而紛紛移居香港，其中包括了浙派琴家徐文鏡。後來，徐先生收了「蔡福記」樂器廠少東蔡昌壽為徒，❹ 斲琴一藝從此在香港落地生根。其後，斲琴技藝在港發揚光大，來自世界各地的文人更慕名而來，以琴會友。至今，斲琴技藝已流傳了二千多年，背後實蘊含着豐富的傳統智慧及技術。

---

❶〈BIG SPENDER：蔡昌壽真傳做琴步驟〉，《蘋果日報》，2014 年 1 月 17 日，擷取自 https://hk.lifestyle.appledaily.com/lifestyle/culture/daily/article/20140117/18595348。

❷ 例如《詩經》有「樹之榛栗，椅桐梓漆，爰伐琴瑟」之說，說明當時人們已經用桐、梓等材料來製作古琴。

❸ 例如錢穆、唐君毅等人。

❹ 潘婉儀編導：《黃金歲月》，第五集〈斲琴人〉，香港：香港電台，2013 年 2 月 3 日播放，擷取自 https://www.youtube.com/watch?v=8TeYOA6RsfM。

斲琴技藝的起源及在香港的發展

斲琴技藝的來源可謂眾說紛紜，如黃帝造琴、伏羲造琴、神農造琴、唐堯造琴等，⑤ 然而說法普遍都缺乏證據支持，多為追記、附會之說。一般認為，在現今的考古證據下只能證明古琴最早存在於西周，最早出現的職業琴人為春秋時期楚國的鍾儀。自古以來文人都喜

⑤ 郭平：《古琴叢談》（山東：山東畫報出版社，2006 年），頁 211。

愛以琴會友，除了分享各地的曲目，還會交流製琴的心得。許多文人都會根據各自的美學觀念、對聲音的理解等製造適合自己的古琴，由是便發展了不同派別的斲琴技藝，並由弟子世代相傳。

而香港的斲琴技藝則承傳自「浙派」。浙派古琴始於宋代，得名於祖籍浙江的始創人郭沔，❻ 是中國古琴史上最具影響力的派別之一。不論是製琴方法、古琴特色還是浙派琴家的演奏技巧，都是獨領風騷、備受推崇。上世紀中國由於政治、社會動盪的關係，斲琴技藝幾乎失傳，幸好浙派琴家徐文鏡於上世紀五十年代把古琴文化傳予本港「蔡福記」樂器廠的少東蔡昌壽，❼ 自此，斲琴技藝正式在香港植根，香港亦逐漸成為世界的斲琴、修琴中心。蔡先生製造古琴逾半世紀，擁有數十名弟子，近年更開辦斲琴研究班，令更多有心人能更深入了解此門千年手藝。

古琴的藝術形象與斲琴技藝

歷來，古琴都擁有非常濃厚的藝術形象，有的文人更視古琴為靈魂代表，有的則視為交友象徵，以古琴為題材的詩詞 ❽ 故事更是多不勝數。其實，此等藝術形象的形成與古琴的構造是密不可分的。

由於古琴的聲音遠較其他樂器小，使得古琴在缺乏擴音器材的幫助下難以在公開場合演奏，所以古琴演奏的主要對象以演奏者自己或好友為主，甚少作公開表演。另外，由於古琴沒有「琴柱」、「琴格」，因此彈奏時是非常自由的，聲音亦變化萬千，彈琴者許多時會隨着自己的心情、境界而自由演奏不同風格的音樂，透過琴聲表達自己，與在場的好友分享及交流。由是，古琴便不只是工具、樂器，而

---

❻ 黎孟德：《中國藝術史》（成都：電子科技大學出版社，1995年），頁 513。

❼〈BIG SPENDER：斲一把古琴，琢磨一種生活態度〉，《蘋果日報》，2014年1月17日，擷取自 https://hk.lifestyle.appledaily.com/lifestyle/culture/daily/article/20140117/18595346。

❽ 如唐代詩人白居易的《廢琴》。

是彈琴者的精神、靈魂代表，所以古琴比其他樂器更會要求「度身訂做」。由於琴人許多時在樂器店千挑萬選後亦都未能得到心頭之好，因此，他們往往會學習斲琴，用自己雙手製作出適合個人風格、個性的古琴。

斲琴九步 ⑨

「斲」字的古義有劈、削及砍的意思，而稱製琴為「斲琴」是因為製作古琴需要大量砍劈、雕削木材的工序。雖然有着不同的斲琴派別，但總體來說，製造良琴一般都要經過「尋、斲、挖、鑲、合、灰、磨、漆、弦」九個步驟，可謂是集合了藝術、音樂等於一體的傳統技藝。

一、尋

與許多樂器的製造方法一樣，斲琴最為關鍵的就是挑選木材，原因是古琴的音色幾乎完全取決於木質的好壞，所以「尋」是斲琴最困難、最重要的一步。木材可謂是古琴的靈魂，而選取木材的準則是「輕、鬆、脆、滑」，⑩ 在眾多木材之中，首選是杉木、梧桐木。古琴的木體是由面板與底板所合成，當中面板多以杉木、梧桐木為主，而底板則以梓木等較堅硬木料製作。至於以古木為首選的原因是，木頭內裏的纖維及水分會隨着時間而退化，因而令音色變佳。所以，製琴人不會浪費每一塊古木，有的甚至會四處打聽，尋找即將拆卸的舊屋、舊廟，然後在拆卸的過程中收集古木，為世人所認為的「朽木」重新賦予價值、生命。⑪

---

⑨ 蔡昌壽斲琴學會：《斲琴技藝》（國家級非物質文化遺產申報錄像片），香港：蔡昌壽斲琴學會，擷取自 https://www.youtube.com/watch?v=eNEev3CsBbw。

⑩〈BIG SPENDER：蔡昌壽真傳做琴步驟〉

⑪〈BIG SPENDER：斲一把古琴，琢磨一種生活態度〉

二、斲

選取木頭之後，開始進入手工藝的部分。製琴人按照訂製者的身高比例在原木上繪好古琴式樣，用鋸、斧頭等「斲」出琴形和琴坯，再以長刨、短刨及一字刨修整琴面和刨出琴面弧度。除琴面以外，製琴者亦需要確保琴底平直及有適當的弧度，刨的過程中需要不斷修正，令弧度的中央位置準確，過多或少的弧度都會令音色大打折扣。

三、挖

斲出琴形之後就要進行「挖琴」，即以鑿修挖面板內部（槽腹）。由於古琴的發聲原理是倚靠「槽腹」與底板的共鳴腔，因此挖琴的功夫要做得非常精準。槽腹須以鑿不斷修挖，留有納音、雁足等部位，使其圓滑之餘及確保深淺度適中，槽腹過深則音色空洞，槽腹過淺則音色沉悶。另外，在修挖槽腹時要不時結合底板敲叩琴體，驗查聲音是否合乎理想。

四、鑲、合

顧名思義即鑲嵌配件，如冠角、岳山、雁足等，而此等配件通常也是由製琴人逐件打磨出來。由於琴身所用的杉木、梧桐木的木質較軟，所以需要一些硬木配件保護容易損壞的地方。例如焦尾便指琴尾兩角貼上的硬木，作用是防止琴角的磕碰。製作好所需配件後，製琴人會照古法以生漆加麵粉製作黏合劑，用以黏合配件與琴身、面板和底板。塗漆時要注意不可太過平滑，如是則會黏力不足。在黏合面板和底板後便形成共鳴箱，亦為琴的雛型。

五、灰、磨、漆

在進行灰、磨、漆之前，要先在琴身黏上麻布。裹布的原因是防止木質因乾燥而裂開，用麻布則是因其纖維結實耐久，甚至能保持數百至一千年，能對木質起很強的保護作用。在琴坯黏上麻布後，須以牛角批，至少分三次髹上由生漆和鹿角灰調成的灰漆，成品稱為「灰胎」，此工序即為「灰」。

蔡昌壽師傅工作室（圖片由蔡昌壽琴學會提供）

隨後的工序是「磨」，即以雲石加上水砂紙打磨灰胎。每一層灰漆乾透後都要用水砂紙打磨，底層要最粗，面層要最幼，重覆打磨直至琴身變得平滑，如琴身表面凹凸不平則會令古琴出現雜音，所以打磨時要非常細心，仔細檢查每一個地方是否光潔細膩。待「灰」、「磨」完成後，製琴人便會在面板鑲嵌十三個「徽」，徽的作用是標示泛音位置，通常以蚌殼製成。

在完成灰胎及鑲嵌妥十三個徽之後便會髹上面漆，以強化灰胎、優化音色及令琴身變得光滑亮麗。首先是用工具髹漆，然後再按古法用人手重覆塗上一層薄而均勻的面漆，待乾後便以最幼的水砂紙磨至平滑，再重覆髹漆。此步驟會隨製琴人對音色與外觀的要求而重覆多次，直至合乎心中理想。

六、弦

完成以上所有步驟後便可以正式上弦。古代習慣以蠶絲作弦，到上世紀七十年代開始改用尼龍鋼絲作弦。上弦時必須確保琴弦貼緊琴底，以免影響音色、音準。最後，製琴人會以鋼刀在琴背刻上琴名及銘文，增加古琴的藝術成分。經過以上繁複的工序後，便完成斲琴。

結語 古琴在中華文化一直擁有舉足輕重的地位，而斲琴技藝則可謂是古琴文化裏一個極重要的內容。傳統儒家非常重視「樂」，認為音樂有令社會變得和諧之用，而歷代文人確實會在交流斲琴心得的過程中廣結良緣。今日，世界各地的琴人經常都會慕名而來，透過學習斲琴、分享心得並會友，進行文化交流。因此，斲琴技藝可謂成功凝聚了許多熱愛古琴的文人，並提升了香港人對於傳統文化的自豪感。隨着斲琴技藝被列為國家級非物質文化遺產代表性項目，漸引起大眾的關注目光，更吸引了不少古琴愛好者學藝，由是，擁有二千多年歷史的斲琴技藝將會繼續在香港承傳，推動着中華文化的發展。

由人手斲成的古琴，每個都是獨一無二、具有極高紀念價值的（圖片由蔡昌壽斲琴學會提供）

延伸思考

Q1. 為何許多琴人都傾向用傳統方法斲製古琴？

Q2. 學習斲琴之前是否需要先學彈琴？

參考資料

〈BIG SPENDER：斲一把古琴，琢磨一種生活態度〉，《蘋果日報》，2014 年 1 月 17 日，擷取自 https://hk.lifestyle.appledaily.com/lifestyle/culture/daily/article/20140117/18595346。

〈BIG SPENDER：蔡昌壽真傳做琴步驟〉，《蘋果日報》，2014 年 1 月 17 日，擷取自 https://hk.lifestyle.appledaily.com/lifestyle/culture/daily/article/20140117/18595348。

郭平：《古琴叢談》，山東：山東畫報出版社，2006 年。

潘婉儀編導：《黃金歲月》，第五集〈斲琴人〉，香港：香港電台，2013 年 2 月 3 日播放，擷取自 https://www.youtube.com/watch?v=8TeYOA6RsfM。

蔡昌壽斲琴學會：《斲琴技藝》（國家級非物質文化遺產申報錄像片），香港：蔡昌壽斲琴學會，擷取自 https://www.youtube.com/watch?v=eNEev3CsBbw。

黎孟德：《中國藝術史》，成都：電子科技大學出版社，1995 年。

訪問錄

受訪者：蔡昌壽師傅、關嘉匯先生、袁賜弟先生

訪問者：高寶齡、伍婉婷、陳財喜、容文傑、楊家樂

訪問日期：2017 年 10 月 7 日

文稿整理：楊家樂

受訪者簡介

蔡昌壽，師承自浙派琴家徐文鏡的斲琴藝術，自上世紀五十年代至今斲琴二百五十餘床，修復歷代老琴逾百。蔡昌壽自 1993 年起擇琴人為徒，展開斲琴藝術傳承工作，並於 2011 年成立「蔡昌壽斲琴學會」，致力保護及延續斲琴古法，讓斲琴藝術傳予後世。

關嘉匯，蔡昌壽斲琴學會副會長。

袁賜弟，蔡昌壽斲琴學會秘書。

訪問者與受訪者合照（前排右二為蔡昌壽師傅）

為什麼源自中國內地的斲琴技藝會被列為香港的非物質文化遺產？

關嘉匯：古琴文化遍及中國各地，並且擁有近三千年的歷史。自二十世紀開始，由於中國內地長期處於戰亂，社會動盪，古琴文化及技藝漸漸式微，按民族音樂研究所於 1954 年的統計，當時內地的彈琴人不足百人。後琴家徐文鏡先生從內地來港定居，收蔡昌壽師傅為徒，才讓斲琴技藝在香港一直傳承至今日。

其後，六十至七十年代的文化大革命更是讓中國內地的斲琴技藝近乎失傳，當時全世界可能只剩下蔡昌壽師傅一位專業斲琴師仍然堅持以古法斲琴、修琴，所以不少海外琴人都特意來港找蔡師傅修斲古琴，香港亦因而成為當時的修琴、製琴中心。蔡昌壽師傅自 1993 年開始擇琴人為徒，讓斲琴藝術傳予後世。自此，這個由彈琴人親自斲琴的古老傳統，率先在香港恢復。至 2008 年，聯合國教科文組織將古琴藝術列入「人類非物質文化遺產代表作名錄」，古琴文化於中國內地重新得到重視，短短十數年間，即發展至極盛之景象。然而，香港早於二十多年前已是全球斲琴文化的傳承中心，不少內地琴人仍會選擇來香港向蔡昌壽師傅學習斲琴技藝。因此，斲琴技藝亦屬香港的非物質文化遺產。

這麼多人慕名而來想向蔡師傅學習，甚至希望成為承傳斲琴技藝的中堅份子，那要加入「蔡昌壽斲琴學會」又有何條件？

關嘉匯：首先，亦是最重要的條件，就是申請者必須要懂得彈琴。「不彈琴者不授」是蔡昌壽師傅擇徒的最基本規則。如果沒有對古琴充分的了解及熱愛，是無法學好斲琴的。要製造好的古琴，首先要懂得欣賞、彈奏古琴，許多細微的地方必須是彈琴人才能知道或感受到當中的關鍵，例如弦的高低、配件的位置等。

第二個條件是，申請者須要在蔡昌壽師傅指導下成功完成一張蔡師傅認為合格的琴，才能加入「蔡昌壽斲琴學會」，成為學員。當學員完成第三張琴，學員便稱得上初步「滿師」，這需時約三至五年。我們不會將斲琴技藝隨便傳授，蔡師傅近年雖然攝錄下所有斲琴過程，但學會只會允許未來的斲琴導師從錄像中學習蔡昌壽師傅的教授方法，而不會允許「未滿師」的學員觀看錄像。原因是學習斲琴必須要自己親身從實踐中學習如何靈活變通，而不是依樣畫葫蘆。斲琴是文人的個人創作藝術，作品每一件風格均不同，個性鮮明，不是以標準的製造技術準確複製而成。

斲琴技藝需要普及化嗎？

關嘉匯：古琴是最受文人推崇的中國樂器，然而古琴藝術歷來都不普及，許多文人更不時寫詩感嘆太少人懂得欣賞古琴。古琴其實是文人生活中自娛自賞的藝術；古琴優雅的演奏更像與你促膝談心，最適合三五知己靜聽鑒賞。我們認為，古琴藝術包括斲琴技藝可以流傳至今的最大原因並不是「多人學習」，若古琴藝術是一種值得傳承的藝術，就自然會有人喜歡、學習，以及一代一代地延續下去，每個年代都存在「狂熱」份子，醉心於彈奏及研究古琴。

我們認為，愛古琴自然會對斲琴感興趣。與其他樂器比較，古琴音量或許微弱，無論是泛音段落，精微感人的餘韻，還是微妙的弦外之音，都要極其安靜方可感受。古琴通常是彈給自己聽的，像與自己談心，因此琴人往往要四出尋找適合自己個性及風格的古琴。與其踏破鐵鞋無覓處，不如動手自己做。一直以來，蔡昌壽師傅和斲琴學會都沒有做宣傳，但亦不斷有人上門學藝或交流斲琴心得。這說明了只要讓大眾對古琴藝術有所認知，就自然會產生一些熱愛古琴藝術旳人，並沒有需要刻意讓斲琴技藝普及化。

斲琴技藝既然不需要普及化，那麼，政府應該要提供哪方面的支援？

關嘉匯：我們認為政府可以從以下三個方面提供支援：

首先是提供永久場地。目前斲琴學會沒有自己的場地，只是借用蔡昌壽師傅於石硤尾蔡福記的地方。許多時候，師傅教授斲琴技藝時都要逐步講解及示範，因此需要一個比較大的空間，學員亦需要地方分享及探討斲琴技藝。我們希望政府能提供或協助我們覓得一個合適場地，以支持承傳斲琴技藝。

其次是再利用政府轄下舊屋屋樑拆卸下來的老杉木。斲琴所需的老杉木料十分缺乏，而很多老舊建築物的屋樑都是斲琴良材。故政府大可以在拆卸舊屋時保留屋內的木材予斲琴之用，反正那些木材最後都是被棄置掉。

最後是改善中小學音樂課程，讓學生對古琴有更多認識。現在中小學課程甚少教導有關古琴的知識，以至許多人琴箏不分。其實，兩者根本是風馬牛不相及！與其大花功夫向成年人推廣古琴藝術和斲琴技藝，不如將種子種在中小學生身上，通過音樂課，讓他們自小接觸古琴，這樣才最實際有效。

17 港式奶茶製作技藝

張宗澤

　　港式奶茶,又名絲襪奶茶。飲奶茶在香港人日常生活中相當普及,不少香港人差不多每日都要飲一杯奶茶,不論是早餐、午餐,還是下午茶,在忙碌的生活中飲一杯香滑的奶茶都會令人感到舒暢。奶茶更是每間茶餐廳的必備之物,而一杯表面看似平平無奇的日常飲品,要炮製出上乘之作卻一點也不易。對於這個在普通茶餐廳都會見到的日常飲品被列為香港非物質文化遺產代表作,反映其承載了香港的飲食文化和歷史變遷。

港式奶茶已成為香港的重要象徵事物(圖片由黃家和提供)

奶茶的起源

　　奶茶的起源眾說紛紜，有說西藏人是最早將奶和茶混合的民族，其後此方傳至印度，再由英國人從印度取經偷師，從此大受英國人歡迎。英國人習慣在下午喝下午茶，當香港為英國殖民地時，不少本地的苦力與工人開始仿效英國人在下午飲奶茶食茶點，俗稱三點三下午茶，但嫌英國茶味道淡，於是加重糖和奶的比例，變成味道濃、熱量高的港式奶茶，幫助補充體力；普羅大眾負擔不了貴價紅茶和鮮奶，茶葉也不大講究，並以淡奶代替鮮奶沖茶，味濃、偏甜，這就是港式奶茶的雛形。❶

　　港式奶茶是當時工人的勞力工作導致身體消耗大量能量，但又想一嚐英國人在下午茶時間飲奶茶的感覺，在好奇心的促使和本土口味的需求下，仿制英國奶茶而成，這種情況亦是一種在地化的展現。至於所謂的本土口味需求，就是體力勞動導致熱量的流失，令到工人在糖和奶的份量上再作調整；所以港式奶茶的起源也側面反映了當時華人勞工的辛勞以及本土華人與英國人的生活文化差異。

現今奶茶的製作及發展

　　1952 年，位於香港中環的一家大排檔「蘭芳園」，首創以布製茶袋沖製紅茶的方式製作奶茶，由於茶袋經過茶湯的反覆浸染，顏色由白色變為咖啡色，酷似當時的絲襪，人們便把這種奶茶戲稱為「絲襪奶茶」。❷

---

❶〈半世紀香滑絲襪奶茶〉，《東方日報》（2011 年 8 月 19 日），擷取自網頁 http://orientaldaily.on.cc/cnt/lifestyle/20110819/00296_002.html。

❷〈牛氣沖天的絲襪奶茶竟然是非物質文化遺產〉，《壹讀》（2017 年 6 月 15 日），擷取自網頁 https://read01.com/OJ0yBA.html#.WcHh2bljGUk。

　　港式奶茶的製作方法主要分為「煮茶」和「拉茶」,「煮茶」主要盛行於上世紀五十年代之前,大家熟知的「鴛鴦奶茶」、「皇家奶茶」、「伯爵奶茶」都是「煮茶」系列中的名飲。自五十年代「拉茶」興起,成為製作奶茶的主流方法後,遂改用「拉茶」加調兌方式製作,「煮茶」雖仍有保留,但如今能做出一手好的「煮茶」功夫的店家已不多,香港現時隨處可見的奶茶,製作方去基本上都是「拉茶」。港式「拉茶」頗多講究,不僅身眼手法處處見真章,拼配勾茶亦全憑對千百種茶葉的瞭若指掌。

　　材料方面,港式奶茶用的最多的是錫蘭紅茶,其次是印度阿薩姆茶,再來是肯尼亞紅茶、越南紅茶、英德紅茶、祁紅等山地紅茶。至於奶方面,早期較多使用全脂鮮奶,後來普遍使用荷蘭產的「黑白淡奶」,也有少數店家使用「花奶」或「奶水」。製茶時,師傅通常會選取兩至三種茶做「茶膽」(即底味),一至兩種茶做「過味」或「托味」(即中間味),另一至兩種茶做「吊味」(即風味),只有上中下三味拼配齊全才能放入茶兜中用拉茶壺拉製,不過在節奏急速的消費需求下,過程已簡化為以色沉味重的一種茶做底味,以味輕但湯色紅亮豔麗的一種茶做過渡,以色鮮味香的一種茶做風味,基本上只以三四種茶進行拼配,茶的品種雖然少了,但專業程度並未降低,風味和品質依舊保持水準,製作過程亦仍然精彩。

　　至於拉茶用的茶兜,一般為細棉布,分為短兜和長兜,短兜口大袋淺,主要用於幼細、容易出味的茶;長兜口小袋深,用於粗幼混和的茶葉。茶葉拼配後,便會被裝入茶兜,然後將茶兜架在茶壺內,師傅再以另一壺沸水反複快速沖淋,讓茶快速發開(此為沖茶)。然後把茶兜完全浸入壺中,在壺內燜數分鐘(此為焗茶),再把茶倒入另一茶壺內,來回反複多次(此為撞茶),拉至湯色金紅亮潤、茶味甘香濃郁即成。之後趁熱倒入杯中與淡奶混合,或直接加入淡奶,再拉

數次拌勻，最後依客人口味加糖即可。❸ 當中每一個步驟、每一處細節，都需要師傅花費無數精力，而且所選的茶、奶、糖，以及炮製過程中的火候、時間、沖調手法，各方面均要配合得宜，才可沖出一杯上乘的港式奶茶。

隨着時代發展，茶餐廳內部設計出現轉變，現在食客已經很難在店內親眼目睹師傅在「水吧」炮制奶茶的過程，亦難以得知茶餐廳的奶茶是否依據傳統方法所製。此外，因着市場的需求激增，港式奶茶的包裝亦與時並進，現時市面已有紙包裝的奶茶，雖然其味道未必及得上茶餐廳的傳統奶茶，但卻因此讓港式奶茶變得更普及。

港式奶茶的沖調工具以及炮製過程（圖片由黃家和提供）

❸〈奶茶知識〉，擷取自「香港萬家實業有限公司」網頁 https://hkwj.jimdo.com/%E5%
A5%B6%E8%8C%B6%E7%9F%A5%E8%AD%98-1/。

奶茶與本土文化的關係

飲食口味與人的背景息息相關，正如前文所述，體力勞動者的口味偏濃，與他們工作時大量熱量流失有關。當時的香港華人多從事體力勞動，因此港式奶茶的口味乃因應當時的華人口味所需，這既反映香港華人在上世紀中的生活艱辛，同時亦體現出香港人在困苦環境中勇於嘗試、勇於接受新事物、勇於創新的精神。

港式奶茶的雛形源自模仿英國奶茶而成，之後卻創造出具本土特色的絲襪奶茶，並且對茶葉的挑選和對火候的控制都有嚴謹的講究，從中也可看到香港人對奶茶的一份執着，亦可見每一代奶茶師傅的努力和堅持，才可研制出令人回味無窮，並享譽國際的飲品。香港由一個小漁村變成國際城市，依靠的亦正是世世代代香港人的努力、堅持與靈活變通所致。而香港人多愛呼朋喚友一同往茶餐廳飲奶茶，藉此互相交流，增進聯繫，可以說港式奶茶文化亦蘊含着團結社區、促進交流的功能。

透過港式奶茶，我們不單可以體味港式文化，了解茶餐廳的歷史，並且還能藉着回想昔日香港人的奮鬥精神，鼓勵今日的年輕一代努力打拼，延續這種香港精神。❹

結語 在眾多本土飲品中，港式奶茶可說是最具特色，也是最受歡迎的。不少本土和海外電視節目介紹香港時，都會介紹港式奶茶，可見港式奶茶已經成為香港在國際的品牌代表。港式奶茶是香港人在吸納外來文化的基礎上，改良成更適合本地人口味的產品，其起源與發展歷程，既反映出香港人靈活變通的一面，亦見證着幾代香港人努力求變。今時今日，港式奶茶已融入香港人的生活之中，成為了他們生活的一部分，因此，推廣港式奶茶，除可展示這個可持續發展的本土文化外，相信亦有助加強大眾對本土的身份認同。

❹ 黃家和：《沖出香港好未來》（香港：經濟日報出版社，2011 年），頁 4。

推廣本土文化其實可以很生活化，例如從最地道的飲品入手。香港咖啡紅茶協會便曾於加拿大和澳洲等七個地區舉辦「國際金茶王大賽」，又從 2009 年起開辦「金茶王（港式奶茶）研習班」，請來資深水吧師傅示範和教導港式奶茶的沖製方法。❺ 香港人雖然愛飲奶茶，但對它的製作工序並不全然了解，一杯平平無奇的奶茶，背後所花費的工夫是難以想像的。現隨着港式奶茶的泡製技藝被列入香港非物質文化遺產代表作名錄，寄望香港政府可重新推廣港式奶茶的傳統製作過程，讓更多人可以認識這個工藝，並把這個傳統承傳下去。

延伸思考

Q1. 港式奶茶屢次受到其他地方電視節目的介紹及推薦，但為什麼港式奶茶會不被港人重視呢？

Q2. 同樣是飲品，為什麼連鎖咖啡店的咖啡的社會價值會高於茶餐廳的港式奶茶？

Q3. 應如何提升港式奶茶在社會上的價值？

參考資料

〈牛氣沖天的絲襪奶茶竟然是非物質文化遺產〉，《壹讀》，2017 年 6 月 15 日，擷取自網頁 https://read01.com/OJ0yBA.html#.WcHh2bljGUk。

〈半世紀香滑絲襪奶茶〉，《東方日報》，2011 年 8 月 19 日，擷取自 http://orientaldaily.on.cc/cnt/lifestyle/20110819/00296_002.html。

〈奶茶知識〉，擷取自「香港萬家實業有限公司」網頁 https://hkwj.jimdo.com/%E5%A5%B6%E8%8C%B6%E7%9F%A5%E8%AD%98-1/。

黃家和：《沖出香港好未來》，香港：經濟日報出版社，2011 年。

❺ 同上，頁 122－125。

國際金茶王比賽（上）與金茶王師傅示範沖製奶茶（下）（圖片由黃家和提供）

訪問錄

受訪者：黃家和 BBS 太平紳士

訪問者：高寶齡、容文傑、張宗澤

訪問日期：2017 年 9 月 26 日

文稿整理：張宗澤

受訪者簡介：

黃家和，BBS 太平紳士，金百加集團主席，從事咖啡、紅茶、葡萄酒、有機產品及食品貿易。旗下品牌包括「大排檔」、「點點綠」、「點點紅」、「樂滿家」等，業務遍及世界各地。黃先生為加深市民對地道飲食文化的認同，於 2009 年籌辦國際「金茶王」大賽，並於 2010 年策劃全港首屆「港式咖啡」大賽及「國際金茶王」大賽，以推廣港式餐飲文化，更成功於 2017 年將「港式奶茶」列入香港非物質文化遺產代表作名錄。黃先生亦為香港餐飲聯業協會會長，香港中華廠商聯合會常務會董，香港品牌發展局主席，香港食品及飲品行業總會主席，以及香港咖啡紅茶協會主席。

訪問者與受訪者黃家和太平紳士（右二）合照

港式奶茶有什麼要素讓它值得保留？

黃家和：奶茶，一般我們稱為港式奶茶或者絲襪奶茶。根據香港民政局資料記載，奶茶在港已有一百零三年歷史，所以奶茶並非近期的創意產品。於香港而言，這個具有歷史價值的本土飲品，是很值得我們研究、發掘和傳揚。而從上世紀三十年代開始，我家族的父輩就開始在香港成立公司，專門經營咖啡、奶茶業務。

最初，沖泡奶茶的茶葉是由中國內地供給的，後來才改用錫蘭（今斯里蘭卡）的茶葉。錫蘭早期所引入的茶種其實來自廣西，但由於錫蘭的土壤和氣候等與廣西不同，種植出來的茶的味道、口感亦與廣西不同，有一種特別的花香味。因此，現時主要都採用斯里蘭卡的茶來沖製港式奶茶。至於「西冷」這兩個字，是錫蘭英文名稱 Ceylon 的譯音，這個名稱當年是由我家族起的，至今仍繼續沿用「西冷」這個名字，出售來自錫蘭的紅茶葉。

上世紀三十年代的殖民地時期，有不少英國人在香港居住，奶茶是由英國人的洋行從印度帶來香港的，他們飲奶茶的文化亦很講究。到了五十年代，在三角碼頭那邊聚集了很多搬運工人，當年附近的海安冰室就是由我家族的父輩等人開設。當時的香港人是在極簡陋的茶檔沖奶茶，甚至會用到瓦煲來煲茶。

英式奶茶的味道偏淡，不適合搬運工人的口味。於是當時的人便嘗試作出改良，以棉布袋沖泡紅茶，所以又名絲襪奶茶，來來回回的沖泡令到茶味濃厚，再以煉奶調味，可以提供能量給搬運工人，於是適合香港人口味的港式奶茶就此而生。

港式奶茶對香港飲食行業和社會來說，可謂意義深遠。五十年代的香港社會，物質非常貧乏，當時只為為數不多的冰室、餐廳。時至今日，香港已約有二萬多間食肆，當中有七千五百間茶餐廳與二千多間快餐店。而香港人每天飲用的奶茶高達二百五十萬杯，可見奶茶與香港人的生活息息相關。2014 年，港式奶茶的製作技藝被納入香港非物質文化遺產清單，2017年，更被列入香港非物質文化遺產代表作名錄中。

一杯好的奶茶，茶葉、水、奶、糖的份量均需要取得平衡，猶如人與人之間的融和。奶茶可謂見證香港的成長，蘊含了香港人的奮鬥精神。不論社會如何變遷，奶茶都有其歷史價值和意義。

奶茶製作這門手工藝術的特色是什麼？

黃家和：要沖出一杯好奶茶，除了基本的沖泡技巧，奶茶師傅的心思和經驗亦會令奶茶流露出不同的特性。現時坊間有用機器沖泡的奶茶，但味道單一和缺

乏層次，完全沒有個人風格。因為每個師傅的手勢都會有差異，例如拉茶的高度不同都會影響奶茶的滑度。茶葉的拼配亦十分重要，粗茶比較香，中粗茶、幼茶出的味道較濃而顏色亦多，而沖泡時的水溫保持在華氏96至98度之間是最好的。正因每個人的手法不同，奶茶所展現的是每位師傅的獨特風味。

奶茶製作這門手工藝的傳承有沒有遇到困難？

黃家和：現時大部分的茶餐廳都保持傳統沖茶方法，使用布袋和銻壺來回沖泡。不過，工時冗長、工作環境欠佳導致餐飲行業人手流失；同時現在科技發展日新月異，可以用機器代替人手沖泡，這些情況都增加了傳承困難。雖然茶王身價高漲，但在社會仍不被重視，社會地位較低，令到不少人拒絕入行。有見於此，我們盡量邀請奶茶師父到各地示範，例如參與一帶一路的外訪和文化交流活動，更曾聯同金茶王一同出訪，將奶茶文化傳播出去。期望透過國際間的推廣，提升奶茶師父的聲望和社會地位。

現時政府把奶茶列入香港非物質文化遺產代表作名錄，您認為政府在推廣奶茶的保育政策上支援足夠嗎？

黃家和：現時的保育活動主要是依靠民間推動，但缺乏足夠資金，希望政府可以大力推動及作出相應配合，使保育活動事半功倍。最近我們亦開設奶茶班，找一些金茶王來教授奶茶沖製技藝，希望將奶茶文化傳承下去。此外，我們亦有與非牟利機構如懲教處、戒毒所合作，讓更新人士學習這門手藝。最後，希望港府可設立非物質文化遺產展覽館，吸引遊客，提升各方人士對港式奶茶的關注。

18 紮作技藝

林浩琛

　　紙紮是利用竹篾紮成所需物品的外殼形狀，然後將彩紙糊在竹篾上，使祭品和實物變得相近。最初只局限於祭祀，後來發展為節慶紮作、裝飾紮作、喪葬紮作、龍獅藝紮作四大類別。現時的紮作技藝開始出現衰退，幸仍有少數年輕人願意嘗試新式的紮作作品，繼續傳承。

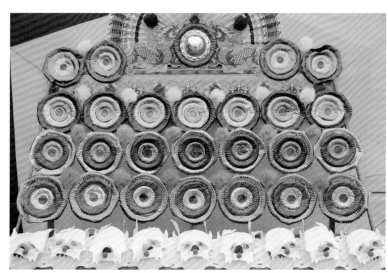

節慶用品往往採用紙紮工藝（圖片由胡炎松提供）

紮作技藝的起源

　　紮作技藝與其他的非物質文化遺產有別，紮作技藝並沒有明確的起源。有說是以紙紮代替春秋戰國時代的活人祭祀，用於葬禮和陪葬之用。現存最早的紙紮作品是唐朝天寶年間（742－756 年）的紮作祭品。❶

❶ 甄璟姍：《紙紮作》（香港：中華書局〔香港〕有限公司，2013 年），頁 7。

紮作技藝的特色

紙紮主要可分為節慶紮作、裝飾紮作、喪葬紮作和龍獅藝紮作。❷ 先論節慶紮作，節慶紮作可分為大型的花牌和小型的節慶紮作用品。花牌一般用於大型節慶活動中，做成一個紙紮牌坊，但也有用於白事的花牌。花牌的起源有兩個說法，一是節慶籌辦者仿效中國建築牌樓，以花牌建成節慶活動的出入口；二是民間籌辦者仿效皇宮吉祥裝飾，借助皇宮吉祥裝飾寓意活動順利舉辦。❸ 花牌上的文字除了祝賀更有宣傳作用，花牌的頂部往往呈三角尖頂，寓意步步高陞；左右延展的紅布寓意蝠鼠，❹ 中國傳統的玄學思想中，蝠鼠即福鼠，有吉祥福降的意味。❺ 製作花牌需要大量工具如剪刀、鐵線剪刀、畫筆、油掃、竹等，當中更分為十多種部件，如「方包」、「圓包」、「頂」及「珠」。花牌面積可達十呎乘二十多呎。在香港不少大型節慶中均可見，如盂蘭勝會、太平清醮、天后誕等，可以說花牌與不少香港傳統節慶有關。花牌傳入長洲後，演變成「通訊板」，不論是節慶活動、喜慶婚宴、店鋪宣傳等，均用上小型的花牌作通訊。時至今天，依然可在長洲的街道上見到各類通訊用的花牌。❻

小型的節慶紮作用品種類繁多，各有不同的寓意，只能舉例說明。如天后誕中搶花炮的花炮，正是一個紙紮的神壇，象徵天后附神於花炮之上，有着福澤社區的意味。盂蘭勝會中的神袍、神馬、大士

❷ 施天賜：〈從紙紮用品看香港民俗文化〉，《明報月刊》，〔期數缺〕，2010 年〔月份缺〕。

❸ 香港電台：《紮作‧藝術》，〈花牌介紹〉，擷取自「香港電台」網頁 http://rthk9.rthk.hk/chiculture/bamboocraft/c1_intro.htm。

❹ 甄璟姍：《紙紮作》，頁 12。

❺ Miru Wong：《繡花鞋事：先達商店第三代傳人述說繡花鞋的歷史變遷與半世紀老店的故》（香港：青森文化，2016 年），頁 94。

❻ 香港電台：《紮作‧藝術》，〈花牌介紹〉。

王等物品均是在不同儀式上的各式祭祀用品。我們可以見到一個共通點,與道教有關的節慶活動均會用上紙紮作品,這可能與道教的歲末酬神和敬天法祖有關,利用各式紮作達至人神溝通、敬拜神明等作用。❼

裝飾紮作方面,主要以燈籠為主,當然古時燈籠主要用於照明。但隨時代變遷,現時祭祀、喜慶、節日等也會用上大量的紙紮燈籠。燈籠製作工序繁複,要先以竹篾、紗紙、漿糊等紮出燈身,再貼上紙或布料,形成燈籠的外型。及後再按燈籠的用途加上不同的裝飾。燈籠可分為觀賞用的宮燈和走馬燈;喜事所用的

紙紮大士王(圖片由胡炎松提供)

字姓燈和添丁燈,元宵圍村點燈儀式用的燈,就以「燈」和「丁」諧音,用來象徵宗族內的新生男丁;❽ 白事用的白燈籠、幡杆燈籠;祈福用的紗燈、放河燈、孔明燈;中秋和元宵中用的擬形燈和無骨燈。每種燈因應其用途呈現不同形狀,在顏色和裝飾上有極大分別。❾ 以往的設計往往是配合蠟燭,但現時則以電燈為主,不少的傳統燈籠逐漸消失。

❼ 巫美梅、劉銳宏:《拜祀衣紙札作與香港民間風俗》(香港:中華文教交流服務中心,2011 年),頁 6–10。
❽ 施天賜:〈從紙紮用品看香港民俗文化〉。
❾ 香港電台:《紮作・藝術》,〈燈籠介紹〉,擷取自「香港電台」網頁 http://rthk9.rthk.hk/chiculture/bamboocraft/c4_intro.htm。

喪葬紥作可說是最古老又最為社區所認識的，祭品紥作包括有佛船及祭祀先人用的紙祭品等等。香港葬禮上用的祭品紥作，包括有正龍牌供奉剛去世的人，副龍牌供奉先祖，沐浴亭讓先人潔淨身體，金銀橋和佛船讓先人能到西方極樂世界，白幡紅幡仙鶴用於超度亡魂等，甚或有些傳統家族，認為有工人服侍是富貴的象徵，故在葬禮上還會有妹娌紥作。同時，還會有各種先人生前在衣、食、住、行各方面所需的物品，包括衣物、珠寶首飾、食物、娛樂用具、花園樓房、傢具、電視機、汽車等。⑩ 後人希望透過火化這些物品令先人的環境變得舒適。而在清明節、重陽節，不少的賢孫亦會火化大量紥作物品，供先人享用，從中亦反映着中國傳統的孝道思想。

　　龍獅藝紥作是指舞龍舞獅中的頭部紥作，當然也包括客家麒麟。⑪ 這些靈獸紥作均要經「紥」、「撲」、「寫」及「裝」四大工序。「紥」即紥好頭部的框架；「撲」即將紗紙分成小塊，鋪於頭部的框架之上；「寫」即在鋪上紙片的框架上畫上花紋；及後再用上大絨球、鐳射紙、硬毛等為頭部做一定的裝飾稱為「裝」。⑫ 龍獅藝在農曆新年，甚至新舖開張時均會用上。

　　以上可見，紥作與中國傳統的文化、宗教活動息息相關，不少的節慶更已成為國家級非物質文化遺產代表性項目，如香港潮人盂蘭勝會、長洲太平清醮等，自然對紥作技藝的要求提高，但因成本、技藝失傳等原因，紥作業在香港的發展日漸萎縮。

---

⑩ 施天賜：〈從紙紥用品看香港民俗文化〉。

⑪ 獅藝界資深師傅：《香港獅藝傳奇：香港舞獅及客家麒麟套心得》（香港：超媒體出版有限公司，2015 年），頁 113－114。

⑫ 香港電台：《紥作‧藝術》，〈舞獅龍頭紥作介紹〉，擷取自「香港電台」網頁 http://rthk9.rthk.hk/chiculture/bamboocraft/c2_intro.htm；〈紥作技藝承百年，後繼無人恐失傳〉，《東網透視》（2017 年 2 月 26 日），擷取自網頁 http://hk.on.cc/hk/bkn/cnt/news/20170226/bkn-20170226092855531-0226_00822_001_cn.html。

天地父母袍展現紮作工藝（圖片由胡炎松提供）

紮作技藝的傳承

　　現時因內地紮作成本便宜、技藝失傳等原因，香港的紮作業大幅萎縮。僅有的紮作從業者均專注於小型用品紮作，特別是喪葬紮作。他們多傾向創作新式的紙紮品，例如迷你紙紮公仔、連鎖快餐店的套餐、遊戲機等。希望藉此打開客源，繼續傳承紮作技藝。⑬

⑬〈80 後紙紮師歐陽秉志：紙紮可以做擺設〉，《經濟日報》，2016 年 8 月 9 日。

結語 紮作技藝源自中國，各式各樣的紮作配合着不同的中國傳統文化，是中國傳統工藝重要的一環。現時最為人所知和需求的是喪葬紮作，喪葬紮作伴隨着中華文化中的孝道，在香港依舊保存有關技藝。

延伸思考
Q1. 為何談及紙紮，香港市民均會認為是和喪葬有關呢？
Q2. 紮作技藝和陶泥技藝等均可創造出精美的擺設，但為何紮作技藝會顯得落伍呢？

參考資料
〈80 後紙紮師歐陽秉志：紙紮可以做擺設〉，《經濟日報》，2016 年 8 月 9 日。

Miru Wong：《繡花鞋事：先達商店第三代傳人述說繡花鞋的歷史變遷與半世紀老店的故》，香港：青森文化，2016 年。

巫美梅、劉銳宏：《拜祀衣紙札作與香港民間風俗》，香港：中華文教交流服務中心，2011 年。

林震湋、馬華幹、余永泉、劉向榮編導：《香港風華之柒拾 3 行》，第四集〈紙差一線〉（電視節目），香港：亞洲電視，2006 年。

施天賜：〈從紙紮用品看香港民俗文化〉，《明報月刊》，〔期數缺〕，2010 年〔月份缺〕。

香港電台：《紮作 · 藝術》，〈花牌介紹〉，擷取自「香港電台」網頁 http://rthk9.rthk.hk/chiculture/bamboocraft/c1_intro.htm。

香港電台：《紮作 · 藝術》，〈舞獅龍頭紮作介紹〉，擷取自「香港電台」網頁 http://rthk9.rthk.hk/chiculture/bamboocraft/c2_intro.htm。

香港電台：《紮作 · 藝術》，〈燈籠介紹〉，擷取自「香港電台」網頁 http://rthk9.rthk.hk/chiculture/bamboocraft/c4_intro.htm。

〈紮作技藝承百年，後繼無人恐失傳〉，《東網透視》，2017 年 2 月 26 日，擷取自網頁 http://hk.on.cc/hk/bkn/cnt/news/20170226/bkn-20170226092855531-0226_00822_001_cn.html。

獅藝界資深師傅：《香港獅藝傳奇：香港舞獅及客家麒麟套心得》，香港：超媒體出版有限公司，2015 年。

甄璟姍：《紙紮作》，香港：中華書局〔香港〕有限公司，2013 年。

訪問錄

受訪者：黃老師
訪問者：容文傑、區志堅、林浩琛
訪問日期：2017 年 9 月 14 日
文稿整理：區志堅、林浩琛

受訪者簡介：

黃老師，自幼已隨其父親學習紙紮藝術，因為其父親是從事紮作行業，黃老師其後入讀香港大學工程學系，畢業後先後任教香港理工大學工程學系，香港理工大學香港專上學院科學及科技學部，從事工程學知識的教研工作。

為何走馬燈值得保存？

黃老師：走馬燈是手作藝術，呈六角柱體的形狀，以作紀念中秋節等中國傳統節日。以往多由紮作業者送給客戶作中秋贈禮之用，也有部分人會購買來裝飾或贈禮。時至今天，因社會環境、經濟狀況的轉變，令愈來愈少人從事這個行業，致走馬燈和傳統紮作的師傅日減，若不及時保存，特別是走馬燈技藝，在不久的將來人們就會遺忘了走馬燈這項手作藝術。事實上走馬燈跟現代學習環境十分配合，包括現代的 STEM 教育，即科學（Science）、技術（Technology）、工程（Engineering）及數學（Mathematics），因為走馬燈的製作技巧中運用了大量的物理原理，如傳統走馬燈會利用燭或燈產生的熱力形成熱空氣，當熱空氣上升時會形成氣流，氣流通過輪軸頂部梯形的氣孔時，便能產生動能令輪軸轉動。輪軸上有剪紙，光線穿過輪軸圖案投射在燈屏上，圖像便會不斷走動。這是體現古人對科學的掌握，以及利用科技融入中國傳統工藝中的智慧。

可否分享走馬燈上的手工藝術的特色？

黃老師：走馬燈要先用竹篾紮出其外型結構，再以砂紙、漿糊黏合竹篾間的接合位，再以紙黏上並填上顏色。走馬燈上的裝飾分為四部分，首先燈底和燈頂以銻紙裝飾，多會繪上具中國色彩的畫如牡丹等。中間的支幹部分為花柱，

也以鋁紙裝飾，多繪上蝴蝶等圖案；以花柱作為蝴蝶的軀幹，具有傳統美感又可遮蓋竹篾，更具有祝福意味，同時兼具美學和祝福的元素。走馬燈底部下還會再加上中國傳統裝飾用的排鬚。而花柱與花柱之間的玻璃紙是為了顯影穿過輪軸圖案的光線，而輪軸圖案則取決於輪軸外縐紙的顏色和形狀。香港傳統的走馬燈圖案以龍、金魚和香港夜景為主，不單有傳統中華文化的吉祥寓意，更極具本土特色。

傳承走馬燈工藝上有否遇到困難呢？

黃老師：傳承走馬燈工藝遇到的困難很多，首先是技藝的流失，因為紮作師傅日減，在世的師傅也不願意再辛苦傳承。其次，物料的不足，早前曾有中學希望在學校中傳承有關技藝，但到處尋覓材料後，發現可買到的竹篾太厚，需要進行後期加工，而作為裝飾的鋁紙，本地紙廠也不願意入貨，同時轉軸中用到的半圓玻璃球和花柱與花柱之間用到的玻璃紙更已停售，在原料欠缺的情況下唯有無奈暫停相關計劃。現時因物料缺乏和技藝失傳，已經沒有人製作走馬燈。若想傳承唯有尋找代替品如以 3D 打印出類近半圓玻璃球的材料，但恐怕失卻中華傳統文化的內涵，不過在時代變遷的情況下，改良走馬燈是無可避免的事。

政府對保育紮作技藝的政策支援足夠嗎？

黃老師：紮作業是一個衰落的行業，當然政府把紮作技藝列為非物質文化遺產是一件好事，起碼數十年後市民也依然知道紮作可用於中國的紅白二事，甚至一般活動的裝飾。若單論走馬燈，政府可以嘗試發揮學生的創意，在中學傳承有關技藝，讓中學生構想可用哪些物料代替舊有材料，解決走馬燈原料缺乏的難題。同時，也可鼓勵學生創作走馬燈的輪軸圖案，不用只局限於龍、金魚等。除此以外，政府在非物質文化遺產的宣傳上並不太足夠，普羅大眾一般都未得知相關資訊，有待改善。政府應在宣傳的同時配合中學的有關課程，如通識科可以加入當代中國中傳統工藝的課程，即使只有

小部分學生能學習，也總比沒有人了解的好。無可否認，政府的程序機制相當複雜，並非一時三刻就可提供太多的支援，但文化流失速度快，希望政府可以盡快加大支援力度。

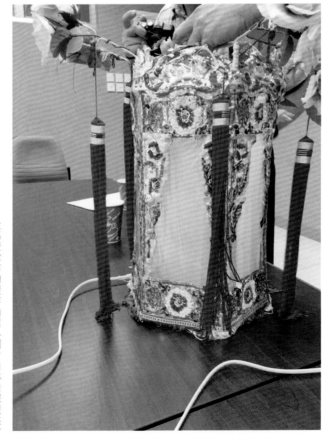

走馬燈紮作的製作過程（圖片由林浩琛提供）

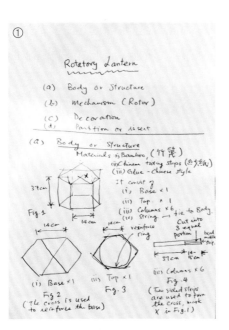
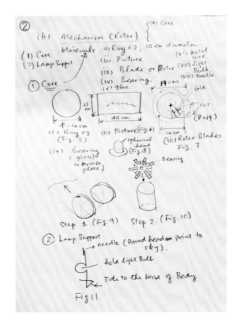
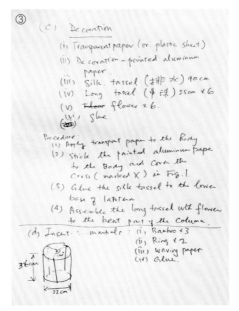

黃師傅繪製的走馬燈紮作草圖（圖片由林浩琛提供）

19 香港中式長衫和裙褂製作技藝

張宗澤

　　民國時期，長衫和裙褂盛行。後來西風東漸，有一段很長的時間香港男女衣着都受到日韓、歐美時裝影響，華服較少出現在常服當中，只有少數女子學校以長衫作校服、婚嫁儀式時新娘會穿上裙褂，但大多仍以西式婚紗為主要禮服。

　　近年復古風氣漸盛，民間推動中華文化、推動華服不乏有心人，加上「香港中式長衫和裙褂製作技藝」被列入香港非物質文化遺產代表作名錄，讓長衫重新普及起來，也引起大眾對裙褂的興趣。本文將淺談長衫與裙褂的由來，傳統特色與現今發展的關係論述。

香港長衫融合中西文化特色，別具一格（圖片由伍婉婷提供）

長衫

長衫，又有稱為旗袍，有別於裙褂。英文「Cheongsam」一詞，目前已收錄在《牛津英語字典》中。

有說，旗袍最初乃旗人之長袍，清末時期旗人與漢人服飾相互影響下產生的服飾；另一說法指民國初期開展的女權覺醒，仿男主義下 ❶ 興起男袍女穿，以一件長袍代替上衣下裙兩截穿的傳統漢族女服，形象化地改變女性形象與地位。

1920 年代，旗女長袍有了新變化，長馬甲與短襖合一，成為連袖長袍，袍身由寬闊平直漸演變收窄並短及小腿，是為現代長衫的雛型。特點在全人手縫製，多不可水洗。然而，另有說法指 1929 年《服飾條例》中規定女子禮服為「衣」，基本與男子禮服相同，未有出現「旗袍」之名。但無可否認的是，1911 年辛亥革命後，西方思潮對女服帶來衝擊，尤其在中國第一港口的上海有更大變化，包括引入舶來品以拉鏈取代花紐、荷葉邊設計、蕾絲質料等成為花巧艷麗的「海派旗袍」，受影視紅星、歌廳舞孃與部分上流社會人士歡迎。

香港跟上海發展很不同，當時香港社會相對保守，旗袍款式簡樸，且不普及。及至戰後，旗袍被批鬥為「資產階級情調」，亦因應政局，大量上海及廣東裁縫師傅南下，長衫一下子在香港社會大力發展。貼身、立體的剪裁、加入花紐花扣、高領開叉、下擺收窄的設計由那時開始定型，是為長衫發展的黃金時期；1950 年代中期至 1960 年代末，紅白二事或重要場合，都見到影視名星、名流、學生以長衫示人。亦由於當時女校都以長衫為校服，知識界中尤盛長衫，相當多的學者經常穿着，如蔡元培、魯迅等。

當時師傅大都不會主動教授徒弟縫衣技巧，學徒都由簡單針黹學

❶〈長衫─遊走在「時尚之都」香港的百年傳統服裝〉，擷取自「中央人民政府駐 香港特別行政區聯絡辦公室」網頁 http://www.locpg.hk/jsdt/2017-02/20/c_129486480. htm。

起，如：拆線、縫邊、修改舊衣等。要想有所成，學徒都會偷偷跟着學。長衫製作工具包括軟尺、直尺、縫衣針、細鉗、噴水壺、熨斗、漿糊刮、粉筆及裁剪刀等，製作時通常會先讓客人選料，然後度身，接着由裁縫師傅裁剪尺布、熨燙、刮漿，最後縫合，完成每件都獨一無異的長衫。❷

直至 1970 年代，西方成衣業發展，大量生產、價廉、款式多並即時取貨。人手訂製的長衫不論從價格、效率與款式選擇上都被比下去，開始衰落，惟仍繼續在重要場合或國際盛事上見到長衫踪影。1980 年代末，中港社會重現長衫潮，卻以餐廳酒樓侍應制服為主，原因無從考究，但對長衫往後發展帶來一定程度限制。

裙褂

裙褂是皇朝流落民間的宮庭工藝，是婚嫁之衣。「褂」即是上身一件「對襟衣」，「裙」則為半身長裙。相傳因明武宗登基時年紀尚幼，得原為太子洗馬的梁儲輔政，明武宗對其敬重有加。梁儲女兒出嫁時，明武宗賜予繡上皇室專用龍鳳圖案之裙褂作為婚服，自此成為廣東特有的新娘裙褂，也慢慢流傳影響延至北方。

傳統裙褂是以人手製造，不同輩份穿的裙褂有所不同。現時新娘穿的是大紅裙褂，新人母親凡是棗紅色裙褂，祖母則穿黑衣紅裙褂或全黑的裙褂，親屬長輩穿紅色或黑色，惟現在已不多人保留此傳統。

裙褂價值視乎布料上的刺繡圖案和密度，可高達數十萬。大致分為金銀線褂、珠仔褂、金銀線加珠仔褂，以及線石四類。古時金銀線褂以真金銀做線，相當矜貴。現代雖未必以真的金銀製作，仍以金銀線的多寡分為「褂皇」、「大五福」、「中五福」及「小五福」四種。七十至八十年代，社會經濟低迷，婚嫁儀式節約從簡，裙褂亦改為追

❷〈長衫—遊走在「時尚之都」香港的百年傳統服裝〉。

冷知識

你知道嗎？在舊時的香港社會，市民可以自備任何布料給師傅縫製中式長衫。今時今日，在一些歷史悠久的小店鋪，依然可以這樣做。

求價廉平實，出現了珠仔褂和線石。前者以閃片和珠仔代替金銀線，後者較少刺繡，以水晶和珠片為裝飾，價格相對便宜。可惜兩者都較重身，珠仔又容易氧化，穿着與收藏都不方便，當然亦不及金銀線褂亮麗，隨着社會日漸重新重視傳統儀式，流行度漸不及金銀線褂。金銀線加珠仔褂則集兩者優點於一身，既有金銀線刺繡的貴氣，而珠石釘繡則能減低成本，是比金銀線褂便宜的另一選擇。

早期裙褂是黑掛配紅裙，七十年代初期演變成全套紅色。❸ 傳統裙褂圖案以龍鳳為主，取其天地陰陽和諧、龍鳳呈祥之意，又有諧音「情長」的祝福，其他圖案包括寓意百年好合、連生貴子的荷花、代表一雙一對的鴛鴦、寓意吉祥的金魚、代表花開富貴的牡丹花、寓意多子多孫的石榴、帶來幸福的蝙蝠、代表吉祥的雲紋，還有福字、喜字、蝴蝶、花枝、稻穗等，都是帶有吉祥的祝福。舊式的褂更會在襟前中央部分繡有兩條彩帶，稱為「子孫帶」，即子孫滿堂之意。❹ 隨着時裝潮流的發展，也會有一些設計新穎的潮款掛，如新人自定圖案

❸ 心姐：《至尊大妗姐秘笈》（香港：明窗出版社，2015年），頁94。

❹〈裙褂店歷史〉，擷取自「冠南華公司」網頁 http://www.koonnamwah.com.hk/main02.php。

中式長衫和裙褂都需要師傅精心製作
（圖片由伍婉婷提供）

刺繡或長衫款的褂。⑤

　　裙褂的製作可稱得上是一門藝術。由畫稿至完成製作需要三百多個工序，全部以人手製作，為求圖對稱，手工統一，刺繡必須由同一人完成，當繡工的條件是不能有手汗，以免沾污布料。新人選定花樣圖案後，專人度身，再由師傅畫成紙樣及定價錢，價錢的高低視乎圖案的複雜程度和尺碼而定，要完成縫製一套裙褂，所需之時間由兩個多月至一年不定。⑥ 由於工序繁複，很講究師傅的專注力和手藝。

香港中式長衫和裙褂製作技藝現今發展

　　在舊時社會，這些傳統衣着有其社會意義和特色，尤其男裝長衫在新界傳統宗族社會中是成為父老的身分象徵；女士的長衫，亦成為重要國際會議、婚嫁宴會等隆重場合的正裝服飾。

　　近十年，香港社會日漸重新重視傳統文化，年青人婚嫁不但選擇

⑤〈香港中式長衫和裙褂製作技藝〉，擷取自「非物質文化遺產辦事處」網頁 http://www.lcsd.gov.hk/CE/Museum/ICHO/zh_TW/web/icho/representative_list_cheongsam_kwan_kwa.html。

⑥〈裙褂店歷史〉，擷取自「冠南華公司」網頁 http://www.koonnamwah.com.hk/main02.php。

冷知識

你知道嗎？裙褂是出嫁時穿的衣服，傳統上一生只能穿一次，穿兩次則會是不好的兆頭。因此，訂製裙褂試身時，要分開上身及下身試穿，切忌在婚嫁日前同時穿上整套裙褂。

裙褂，傳統的婚嫁儀式亦會照辦如儀。可惜專門制作裙褂老店仍然不及婚紗店多，主要集中在金都商場、先達商店、百利商場等婚嫁用品小店中，冠南華一類的傳統老店鮮見。

中式長衫一度隱沒於歐美日韓時裝潮流當中，長衫行業亦因應老師傅愈來愈少又欠缺新人入行，一度式微。然而，近年興起一股中國風，不但香港長衫華麗回歸，中、港、台都有很多不同的非牟利組織推動長衫文化。

2015 年成立的非牟利組織「長衫薈」（Cheongsam Connect）便為香港長衫潮流注入新意。在一眾長衫愛好者努力下，致力推動長衫「常服化、時尚化、年輕化」。三數年間，整理了傳統長衫老師傅的檔案資料，透過社交平台向公眾推廣介紹、推動和支持更多年青設計師以長衫為設計，推動不同界別的創意跨界合作：日本插畫家 Mitsuko Onodera 一系列以長衫儷人為主角的香港街景作品、蔡毅明個人時尚長衫品牌 Yi-Ming 的長衫花瓶、Cammie Chan Charity Cheongsam 推出二手長衫、創作長衫圍裙、Debbie Leung 手工洋毛長衫娃娃、青年廣場的長衫天使舞蹈組、林春菊的牛仔布長衫、何善恆

長衫圍裙圖（圖片由伍婉婷提供）

個人品牌碌祿以傳統香雲紗創作潮款長衫、Ranee K 的黑色鏤空加波浪邊招牌長衫晚裝、還有愈來愈多的長衫製作班、外國知名時裝品牌亦以長衫作為設計元素……傳統與時尚並重，一下子長衫又再踪影處處。

結語 中式長衫和裙褂與社群發展有着密切的關係，更重要的是一種文化身份認同。一針一線人手縫製，當中帶昔多少傳統規範和堅持。長衫與裙褂的復興，要做到的不單是衣飾潮流的回歸，還有當中代表的東方文化之美。

延伸思考

Q1. 應如何把中式長衫常服化？

Q2. 裙褂潮流如何有助推動傳統婚嫁禮義？

Q3. 裙褂如何代表娘家對新娘的祝福？

參考資料

心姐：《至尊大妗姐秘笈》，香港：明窗出版社，2015 年。

立法會 CB(2)842/16-17(01) 號文件：〈立法會民政事務委員會：香港非物質文化遺產代表作名錄草擬名單〉，2017 年 2 月 27 日，擷取自網頁 http://www.legco.gov.hk/yr16-17/chinese/panels/ha/papers/ha20170227cb2-842-1-c.pdf。

林春菊：《別出心裁：香港華服製造的故事》，香港：萬里書店，2016 年。

〈長衫──遊走在「時尚之都」香港的百年傳統服裝〉，擷取自「中央人民政府駐香港特別行政區聯絡辦公室」網頁 http://www.locpg.hk/jsdt/2017-02/20/c_129486480.htm。

〈香港中式長衫和裙褂製作技藝〉，擷取自「非物質文化遺產辦事處」網頁 http://www.lcsd.gov.hk/CE/Museum/ICHO/zh_TW/web/icho/representative_list_cheongsam_kwan_kwa.html。

袁仄、胡月：《百年衣裳：20 世紀中國服裝流變》，香港：中和出版有限公司，2011 年。

陳美怡：《時裳摩登──圖說香港服飾演變》，香港：中華書局〔香港〕有限公司，2011 年。

〈裙褂店歷史〉，擷取自「冠南華公司」網頁 http://www.koonnamwah.com.hk/main02.php。

訪問錄

受訪者：殷家萬師傅

訪問者：伍婉婷、張宗澤

文稿整理：張宗澤

訪問日期：2017 年 10 月 13 日

受訪者簡介：

殷家萬，資深長衫師傅，年逾八十。1951 年從家鄉鎮江揚中來港學做旗袍，師承同鄉施正財先生。至今仍堅持以漿糊刀、唐尺和粉線袋等中式工具量身訂造長衫。1960 年開始與電視電影行業結緣，為邵氏公司多齣電影縫製服裝，無線電視台的劇集戲服與多屆香港小姐所穿長衫皆出自其手工。不少演藝名人包括劉嘉玲、邵逸夫、梅艷芳、黎姿、楊怡、鞏俐、甚至全智賢都是殷師傅顧客。汪明荃與羅家英結婚時身穿的耀眼嫁衣，更是其近年得意之作。入行至今逾六十年，作品逾萬件，部分更為香港文化博物館永久收藏。

訪問者與受訪者殷家萬師傅（左）合照

長衫有什麼要素促使它被列入非物質文化遺產？

殷家萬：在上個世紀六七十年代，中式長衫和裙褂是很受歡迎的，可說是中式長衫和裙褂的全盛時期。當時也沒有什麼大規模生產的衣服，不少紗廠女工和名媛闊太都會穿着長衫，差別只在於衣服的質料，較基層的會穿着布料長衫，款式較簡單，較富裕的則選擇絲質長衫。都是找師傅訂製，還會有人自攜布料給師傅縫製，很難在市面上找到長衫成衣。至八十年代，內地

改革開放，不少高官移居香港或外國，那些官太太在香港時會要求訂製長衫，亦有專誠南下訂製，長衫熱潮還能繼續維持。

隨着社會風氣轉變，香港人開始崇尚外國潮流文化，女士們覺得穿長衫非常「老套」，都不太願意穿着這些傳統服飾外出，只有在嫁娶時才會穿。隨後，社會物質豐裕，製衣科技亦相當發達，購買衣物便利，在低需求的情況下，縫製長衫裙褂這個行業便逐漸式微。這門製作技藝有一段時間難以傳承下去，是不爭的事實。如果要保護這種本土的傳統技藝，被列入非物質文化遺產是需要的。

長衫製作的特色是什麼？

殷家萬：提到長衫製作的特色，就是需要耐性。以本人經驗而言，學師三十年亦只是略懂皮毛而已，在剪裁和縫製都要精準，需要保持長久的專注，否則不但會弄傷自己，也有可能裁錯走樣，不能製作出一件合身的長衫。一件合身的長衫從度身到挑選布料都是為每個客人獨家手作的，需要師傅良好的手工縫製。不論燕瘦環肥，只要遇上一件優質的長衫，穿上後都會顯得斯文、高貴、大方。至於長衫衣領的高低之別，則根據客人的審美觀和舒適度而衡量的。

長衫製作的傳承有否遇到困難？

殷家萬：傳承上遇到最大的困難是沒有人願意投身這個行業。我十五歲來港，當時也沒有多想什麼，師傅收我為徒包吃包住，教我做衫，我就這樣入行，一晃眼便是六十年，一輩子只懂做衫，從來沒有想其他。現在，我也有教授學生製作長衫，肯學的我都願意教。但這門技術其實要有數十年的學習才可成材，即使舉辦這些練習班，亦不容易吸引大眾入行。不少中小學校都有舉辦長衫製作興趣班，能做到基本知識傳授和推廣，在培養和吸引年輕人加入這個行業方面仍需更多投入。另一個問題是，現時很多製作長衫的師傅是不會幫客人度身和製作衣鈕的。以男裝長衫為例，男裝長衫需要另找其他師傅製作一字鈕，但市面已很難找到這些師傅，所以我已不再製作

男裝長衫了。可見長衫製作的傳承亦會受到其他行業式微的影響。再者，現今社會有太多不同的引誘，年輕人缺乏時間和耐性學習這門技藝，也有年輕人覺得穿着長衫時會顯得過於「老套」，這些因素都阻礙着這門技藝的傳承。

現時政府把長衫列入香港非物質文化遺產代表作名錄，您認為政府的保育政策支援足夠嗎？

殷家萬：政府將長衫列入非物質文化遺產代表作名錄是好事，要讓長衫再次成為潮流仍然需要更多支援。科技發展日新月異，現時製衣買衣均十分方便，很多人已不會自備布料給師傅手工縫製合身的長衫。製作長衫的店鋪也愈來愈少，即使是上海街一帶的裙褂店鋪都愈來愈少，現在大家都只是認識冠南華。在政府支援不足的情況下，有人提出長衫常服化，或與外國的設計師合作製作出新派長衫，也是好事。但要留意不要改變傳統長衫本來的意義。我希望在跟隨潮流趨勢和不失傳統意義之下，復興長衫。

殷家萬師傅正在製造長衫（圖片由張宗澤提供）

20 戲棚 搭建技藝

楊家樂

　　戲棚搭建技藝，即是建造中國式戲棚的傳統技術。此技藝發源於中國，相傳自漢代時已經發展得相當成熟。❶ 由於近代中國的政治及社會等問題，戲棚搭建技藝在中國內地已失傳，現時只有香港及澳門仍保留此技藝。雖然隨着時代的變遷，社會大眾對戲棚文化的熱情逐漸減退；可幸的是，隨着戲棚搭建技藝被列為非物質文化遺產，人們對此的興趣及關注度又日漸提高。事實上，戲棚搭建技藝背後的確蘊含了豐富的傳統智慧及文化元素，更是不少上一代香港人的集體回憶。

西貢布袋澳村洪聖誕戲棚內觀眾在欣賞神功粵劇表演（圖片由伍婉婷提供）

❶ 張綺霞：〈45年搭戲棚師傅，嚴順利後繼無人〉，《信報》，2017年2月28日，擷取自 http://www1.hkej.com/features/article?q=%23%E8%A8%AA%E8%AB%87%E9%8C%84%23&suid=3670353327。

戲棚搭建技藝的起源

　　相傳中國傳統所用的竹棚技術是源自於有巢氏在樹上建屋的技術，而用竹建造戲棚的傳統，則可以追溯至漢代時「棚閣」與「百戲」的結合。❷ 所謂的「棚閣」即是工程竹棚，❸ 許多出土的漢代畫像、陪葬品都可證明，漢朝時，已普遍使用竹子作棚輔助建築。另一方面，「百戲」是指雜技、武術等民間藝術的泛稱，此等表演往往聚集大量人群，因而出現了安置觀眾的需要，後來便逐漸發展出一套建造「樂棚」❹ 的技術。

　　在宋代出現的「勾欄」，可說是現代戲棚的原型，原始的戲棚搭建技藝亦因而誕生。「勾欄」是指城市中表演戲曲的場所，與現今所見的戲棚相似，通常設有三面敞開的戲台和階梯式的觀眾席。許多大城市內的「勾欄」往往會配有「露台」，有的更可容納數千位觀眾，❺ 可見當時的戲棚搭建技術已極為發達。其後，此種舞台建造形式在明、清兩代都有繼承及改良，並從內地傳到香港，一直發展至今。

戲棚搭建技藝能在香港落地生根的原因

　　簡略而言，戲棚搭建技藝能在香港流傳主要有兩大原因：一、市場需求大，傳統節日眾多；二、所需的物料資源，成本相對較低。

　　最初，香港主要以漁業為生，當中大部分的漁民都會拜祭天后，以祈求出海順利，我們今天仍可以在很多沿海地區看見大大小小的天后廟。天后誕是漁民的重要日子，在該時期會有一系列隆重的酬神儀式，其中最重要的一項就是上演「神功戲」。所謂「神功戲」即是百

❷ 同上。

❸ 陳翠兒：《香港建築百年》（香港：三聯書店〔香港〕有限公司，2012 年），頁 133。

❹ 施旭升：《戲曲文化學》（台北：秀威資訊科技股份有限公司，2015 年），頁 272。

❺ 曾紀鑫：《遲熟之果：中國戲劇發展與反思》（台北：秀威資訊科技股份有限公司，2017 年），頁 51。

姓為了酬謝神恩而上演的戲劇。除了天后誕之外，香港幾乎在農曆每一個月份都有傳統節日要用到戲棚，例如著名的「太平清醮」及「盂蘭勝會」等，因此戲棚搭建的師傅可說是年中無休，⑥ 幾乎每個月都要不停的建造及拆卸戲棚。正因為擁有如此龐大的市場，戲棚搭建技藝亦因而得以承傳至今。

戲棚除了可以遮風擋雨外，還能隨時拆卸，可因應不同的節日、地點、大小而靈活變通。建造戲棚需要用到大量竹子，在地理上，中國南方盛產竹子，當中廣西的竹子更是特別高大、厚實，非常適合用來搭棚，現在香港搭棚用的竹幾乎全部都是廣西及越南竹。⑦ 香港因為位處中國南方，所以比其他地區更易挑選及取得合適搭棚用的竹子；再加上拆卸戲棚的竹，可以循環再用多次，既環保又可降低成本。

節日花牌製作用上製作戲棚的技巧（圖片由胡炎松提供）

⑥ 曾志恒：〈搭戲棚的第五代傳人〉，《青雲路》，2015 年 8 月 5 日，擷取自網頁 http://tvb4life.pixnet.net/blog/post/201902116-%E9%9D%92%E9%9B%B2%E8%B7%AF-%E6%90%AD%E6%88%B2%E6%A3%9A%E7%9A%84%E7%AC%AC%E4%BA%94%E4%BB%A3%E5%82%B3%E4%BA%BA。

⑦〈棚業發展史〉，擷取自「寶高香港工程有限公司」網頁 http://poko.com.hk/280316-2/。

技術特點

　　現代戲棚主要以竹篙構成，加上木杉作為鞏固結構之用，地板則以木條皮建成，再以鋅鐵片蓋頂作遮陰、擋雨之用。❽ 此種搭棚方式變化甚多，非常靈活，搭棚師傅會根據不同地形，在平地、海邊甚至懸崖上搭建出可容納百人至千人的戲棚。竹篙主要以尼龍篾紮穩，而地板、鋅鐵皮則以鐵線繫；至於戲棚上蓋，以前是用禾草蓋頂的，但隨着時代的轉變及消防條例的規定，現在全部都改用了鋅鐵片，防水又防火。

小型的舞台搭建保留戲棚的精粹（圖片由胡炎松提供）

　　由於戲棚搭建不用打樁，着重「流動性」、「靈活性」等特質，所以戲棚種類甚多。小型的戲棚稱為「龍船脊」，是以縱向主軸架起屋脊，可容納數百人；而香港較常見的中型戲棚稱為「大金鐘」，則採用橫向屋脊的形式，此建造方式是為解決結構要求，並突出其高度，可容納千餘人。❾

❽ 張綺霞：〈45 年搭戲棚師傅，嚴順利後繼無人〉。
❾ 黃照康：《香港傳統節慶遊》（香港：知出版有限公司，2012 年），頁 23。

在整個戲棚結構中，最重要的就是杉必須要做得夠好。⑩ 原因是一般戲棚的「主力柱」都是用杉而非竹，所以戲棚真正的支撐及承托是一條條的杉木。由於戲棚中央不能有柱樑阻擋觀眾視線，只能在戲棚的四邊建造支撐物，而做法就是把杉木造成一枝枝微微彎曲的橫樑，以拱形的方法分散屋頂的重量。⑪ 然而，最困難的是，杉木比竹子堅實數倍，所以堅持使用人手、傳統方法的搭棚師傅便要花很大功夫慢慢將杉木屈曲成弓形，有的師傅會在建造初期加上臨時柱子協助支撐橫樑，然後用紮作技術使得橫樑、杉木兩方都均勻受壓，以力學原理讓其在搭棚過程中自然屈曲，直至完成戲棚搭建後才拆卸臨時柱子，最後由一條條彎曲的杉木支撐戲棚頂蓋。

雖然竹棚技術與戲棚搭建技藝在材料、技術上有些相似，但其實兩者在本質上有着天淵之別。嚴格來說，竹棚只是建築工人的工作平台，建造竹棚的目的只是方便建造工人在建築物移動，所以竹棚技術只是地盤建築的其中一個部分。⑫ 然而，戲棚搭建技藝卻是由零開始建立，而此技藝亦包含了許多竹棚技術不具備的特點，其中最重要的是「美感」。戲棚搭建技藝遠比竹棚技術複雜、困難，例如戲棚搭建是需要考慮整個建築物的支撐，而地盤工作則以另一種技術 ──「打樁」解決此問題。戲棚可完全不用一根釘，不靠「打樁」便可建成，所以，兩者存在本質上的差異。

除此之外，戲棚搭建技藝亦絕少會加入現代建築元素，例如搭建戲棚期間並不會進行測量、燒焊等，亦不會使用電腦程式計算各項數據，幾乎是完全依靠於搭棚師傅的經驗及判斷。雖然搭棚前會有大量

⑩ 張綺霞：〈45 年搭戲棚師傅，嚴順利後繼無人〉。

⑪ 同上。

⑫ 陳煜光：《香港非物質文化遺產代表作名錄訪問》（香港：中華歷史文化動力，2017年）。

冷知識

你知道嗎？香港歷來最大規模的戲棚，是 2004 年廈村舉辦太平清醮時所建造的戲棚。該戲棚總共動用了二萬多條竹子、五百多條木杉建成，可容納多達七千人之多。

的事前準備，包括地形考察及設計，然而此等工作的精密度仍無法跟現代建築相比。例如，現代建築在動工前必須要精密計算每個細節的承受力度、所需材料的大小等，確保所有材料都符合規格才可以動工；然而搭棚師傅則完全不會進行嚴格的科學計算，並會因應搭建時的實際情況而臨時鋸切甚至加減竹枝，而各項比例亦無一定標準，幾乎全憑搭棚師傅的經驗及現場判斷搭建，與要求精密計算的現代建築風格相差甚遠，但無損戲棚結構的穩固、通光和通風，經得起風雨及具安全度。

戲棚搭建技藝與傳統文化

戲棚搭建技藝集合了許多傳統智慧及技術，包括古人對於力學、建築學甚至美學的了解。雖然此種技藝已承傳了數百年的時間，但嚴格來說每位傳人都傳承箇中的精神、核心技術。此技藝傳至今天只有一些非常表面的變化，如因法律和防火需要，不允許而不再使用禾草作為戲棚的頂部，或使用現代材料加強鞏固等。所以，現在我們所見的搭棚師傅仍然使用與古代幾乎一模一樣的技術搭建戲棚。

其實，竹造戲棚擁有的文化元素是嚴謹的，並且有四大特徵：一、規範特徵，即塔建戲棚前的拜祭儀式；二、藝術特徵，即戲棚外形的美感造型；三、認知特徵，即拜祭儀式時的「拜地頭」儀式；四、器用特徵，即對竹的選擇。

同時，戲棚搭建技藝標誌着戲棚文化的興盛年代，而戲棚文化正是香港人的集體回憶，對老一輩來說更是感受深刻。香港戲棚文化的高峰是在上世紀五十至六十年代，當時香港經濟剛剛起步，不少市民平日看見有人搭戲棚便會十分高興，因為這代表着一些傳統節日如中秋節即將來臨，並且在那段日子會有戲上映，大家都會期望着在辛苦工作後與家人團圓，一同享受看戲的快樂。而在戲棚附近更會充斥着一攤一攤的小販檔，賣的有啄啄糖、香口膠甚至各種玩具等，非常熱

鬧。因此，戲棚搭建技藝是組成香港文化的重要成分，絕對能夠成為代表香港文化的一份子。

結語 戲棚搭建技藝是傳統的產物，亦是香港文化中不可或缺的成分，因此絕對具備成為香港非物質文化遺產代表作的資格。雖然戲棚搭建技藝源自於中國內地，卻於香港落地生根，並凝聚了香港華人社群的宗教活動，成為香港人的集體回憶。由於時代、環境種種因素，戲棚文化不再像上世紀五十至六十年代般興盛，亦面臨着人手短缺的問題；因此，希望藉列入非物質文化遺產代表作名錄，讓香港市民更加關注本土的傳統文化，重新認識保育戲棚搭建技藝，並為此技術感到驕傲。

延伸思考

Q1. 為何現今甚少年輕人到戲棚觀看傳統戲劇？

Q2. 為何年輕人更傾向加入地盤工作，而不加入戲棚搭建此行業？

Q3. 現代建築技術可取代戲棚搭建技藝嗎？

參考資料

施旭升：《戲曲文化學》，台北：秀威資訊科技股份有限公司，2015 年。

張綺霞：〈45 年搭戲棚師傅，嚴順利後繼無人〉，《信報》，2017 年 2 月 28 日，擷取自 http://www1.hkej.com/features/article?q=%23%E8%A8%AA%E8%AB%87%E9%8C%84%23&suid=3670353327。

陳煜光：《香港非物質文化遺產代表作名錄訪問》，香港：中華歷史文化動力，2017 年。

陳翠兒：《香港建築百年》。香港：三聯書店〔香港〕有限公司，2012 年。

曾志恒：〈搭戲棚的第五代傳人〉，《青雲路》，2015 年 8 月 5 日，擷取自網頁 http://tvb4life.pixnet.net/blog/post/201902116-%E9%9D%92%E9%9B%B2%E8%B7%AF-%E6%90%AD%E6%88%B2%E6%A3%9A%E7%9A%84%E7%AC%AC%E4%BA%94%E4%BB%A3%E5%82%B3%E4%BA%BA。

曾紀鑫：《遲熟之果：中國戲劇發展與反思》，台北：秀威資訊科技股份有限公司，2017 年。

〈棚業發展史〉，擷取自「寶高香港工程有限公司」網頁 http://poko.com.hk/280316-2/。

黃照康：《香港傳統節慶遊》。香港：知出版有限公司，2012 年。

訪問錄

受訪者：陳煜光師傅
訪問者：高寶齡、楊家樂
受訪日期：2017 年 9 月 19 日
文稿整理：楊家樂

受訪者簡介：

陳煜光，資深戲棚搭建師傅。家中世代經營搭建戲棚生意。十三歲隨父親入行，是家中第四代傳人，三十多年來為圍村、原居民等搭建出過百個戲棚，經驗豐富，是本港為數不多的大師傅。陳煜光師傅有兩個兒子，其中幼子陳胤文是第五代傳人，繼續傳承戲棚戲棚搭建技藝。

（左）合照

訪問者與受訪者陳煜光師傅（右二）及兒子

戲棚搭建技藝為什麼值得保留，它如何代表香港？

陳煜光：戲棚搭建技藝集合了許多傳統智慧及技術，包括對於力學、建築學甚至美學的了解。雖然我是第四代傳人繼承此技藝，但嚴格來說我之前的每位傳人，包括我，都幾乎沒有改動箇中的精神、技術，今天與數代之前相比也只有一些非常表面的變化。現在我們仍然使用與數百年前幾乎一模一樣的技術搭建戲棚。另一方面，雖然戲棚搭建技藝是由中國內地流傳至香港，但此技藝因為歷史、環境等因素而在內地消失。現在全球只有澳門及香港仍然留有此技藝，兩者比較之下，戲棚搭建技藝在香港更為盛行、常見。

因此，戲棚搭建技藝絕對值得保留，亦能夠成為香港甚至中國傳統文化的代表之一。

保育戲棚搭建技藝最大的困難是什麼？

陳煜光：最大的困難當然是人手不足。雖然有些年輕人會通過職業訓練局入行，但以現在的效率來看是遠遠趕不及老化速度，雖然有許多年輕人對建造業有興趣，但更多人因經濟問題而傾向參與地盤工作，亦有些人誤以為戲棚搭建是夕陽產業，所以不敢入行，因此本行仍然非常缺乏人手。

無可否認，我們此行的確會比地盤工作及搭竹棚來得辛苦、複雜，每個師傅都要對搭建的所有步驟有基本掌握，並且需要日曬雨淋，年輕人若要「搵快錢」或「炒散」時會更傾向地盤工作。而政府雖然會通過職業訓練局來提供或介紹人手予我們，但總體來說支援及宣傳十分不足，造成許多人仍然不了解本行業的實際情況，因此長期面臨人手不足的問題。

可否再說多一點關於行業前景的實際情況？

陳煜光：無可否認，戲棚本身及戲棚搭建技藝將來也可能會面臨被淘汰或取代的情況，但憑現時環境來說，出現以上情況的時間還非常遙遠。

有些人會認為，年輕人看戲都會走到戲院，戲棚會慢慢被戲院取代，然而我認為此觀點是大錯特錯。首先，年輕人入戲院所看的戲與戲棚上映的戲完全是不同性質，戲棚上演的主要是神功戲、粵劇等，而現代戲院上演的則是電影，兩者不能混為一談。我們幾乎都不會到戲院看粵劇、京劇，亦不會走到戲棚看電影、紀錄片，所以兩者的對象及內容幾乎沒有重疊，戲院並不會直接取代戲棚。我們真正面臨的問題是，新一代不再看粵劇，而不是到「戲院」看粵劇。

另外，農曆每一個月都會有不同的傳統節日要用到戲棚，例如天后誕、太平清醮等，因此戲棚搭建是年中無休，幾乎每個月都要不停地搭建及拆卸，戲院的出現其實反而是減輕了我們的負擔。我認為此情況至少還可以繼續十多年，加上保育會使更多人注意到本行業，所以前景一點也不暗淡。

您對保育戲棚搭建技藝的前景有什麼看法？

陳煜光：保育傳統文化一直以來都是非常艱難的工作，而保育戲棚搭建技藝最大的
困難是人手問題。雖然，現今有些年輕人會通過職業訓練局加入搭建戲棚
行業，然而以現在的人數來說是遠遠追不上行業的老化速度，尤其現在年
輕人更傾向到地盤工作。當然，從市場上來看，戲棚搭建距離衰落仍有很
長一段時間，但是搭建的人手問題卻令此行業開始進入窘境。即使有有心
的年輕人想學此門技藝，實際上也難以入行，原因是坊間缺少相關課程，
最終使得本行業長期面臨人手不足的問題。

然而，我對此行業的前景及未來的保育情況並不感到悲觀。當然，現今年
輕人的確對於傳統節日的興趣銳減，例如甚少年輕人會到戲棚看戲，長遠
來看這並非好事。但正如剛才所說，我認為戲棚搭建及戲棚文化在現今仍
然是非常旺盛的，雖然年輕人對傳統文化的興趣不算太大，但據我經驗來
看，人會隨着年紀的增長，對傳統文化愈感到興趣，事實上現在許多處於
中年的上班族，甚至大公司的老闆都開始出錢出力支持傳統文化，如政府
能加大力度宣傳及推廣，我深信戲棚搭建技藝會被香港人繼續保存下去。

非遺有感 ▶

與局長對話

　　2017 年 10 月 17 日上午十時，文化力量舉辦了一場「香港非物質文化遺產訪談」，邀請到民政事務局陳積志副局長及非物質文化遺產辦事處何詠思總監與一百二十多名中學生和大專生對談，分享香港非遺保護工作的發展。

訪問錄

與會嘉賓：民政事務局陳積志副局長
　　　　　康樂及文化事務署非物質文化遺產辦事處何詠思總監
與會學生：香港中文大學專業進修學院、九龍工業學校、香港道教聯合會
　　　　　圓玄學院第一中學、路德會呂明才中學、天主教伍華中學、孔
　　　　　聖堂中學、青年會書院、裘錦秋中學（葵涌）
日　　期：2017 年 10 月 17 日
文稿整理：區志堅、林浩琛
文稿覆審：伍婉婷

嘉賓簡介：

陳積志，民政事務局副局長，曾任職多個政策局及政府部門，包括：前文康市政科、警察總部、前民意匯集處、前政務總署、香港駐舊金山經濟貿易辦事處、前公務員事務科、前保安科、大學教育資助委員會、前工務局、前環境運輸及工務局、發展局、民政事務局及民政事務總署。

何詠思，非物質文化遺產辦事處總監，並擔任非物質文化遺產諮詢委員會秘書。

「非遺」保護工作是什麼？

陳副局長：在談非物質文化遺產（「非遺」）以前，我想先談一下物質文化遺產的保
　　　　　育。在擔任民政事務局副局長之前，我曾於發展局負責保育歷史古蹟的
　　　　　工作。相信大家依舊記得灣仔司徒拔道的景賢里、中環大館、舊中環街
　　　　　市、雷生春等眾多的保育計劃，我亦有幸參與。這些保育項目工作的過
　　　　　程甚具挑戰性，但亦非常愉快。物質遺產因有實體存在，較易保育，但
　　　　　「非遺」又應如何保育呢？

香港特區政府相當重視「非遺」的保護工作。保護「非遺」的政策和資源均由民政事務局負責，具體事務則由康樂及文化事務署(康文署)執行。我們於 2014 年推出首份「非遺」清單，2015 年在康文署轄下成立非物質文化遺產辦事處，2016 年在三棟屋博物館內設置香港非物質文化遺產中心，用作舉辦與「非遺」有關的活動。事實上，於香港的歷史背景、中西文化薈萃，「非遺」的種類多元且深具特色，例如奶茶就是其中一個例子。「非遺」的保護、傳承必須配合社區工作，十分仰賴各民間組織與政府共同合作。以今天的主辦單位文化力量為例，正是當中重要伙伴之一。市民對「非遺」項目的關注也日漸提高，例如長洲太平清醮、大澳端午龍舟遊涌、大坑舞火龍等活動均得到市民踴躍參與，可見社會對「非遺」的重視。資源方面，政府設有不同的基金供申請推展非遺項目，如衞奕信勳爵文物信託基金、華人慈善基金等。此外，教育青年學生保育知識的工作也是重中之重，青年人是社會未來的主人翁，希望我們在進行保護工作的同時，更能達致傳承「非遺」的功效。

今天這個活動有超過一百二十名大學生、中學生出席，確實令人鼓舞，往後的「非遺」傳承有賴大家的參與。今天到場我希望並非只分享政府的工作，而是希望各位同學老師提供對推廣、傳承「非遺」的意見，讓我們向各位學習，感謝大家！

何總監：「非遺」這個概念仍然非常新，聯合國教科文組織《保護非物質文化遺產公約》於 2006 年生效，至今尚不足二十年，而本地有關「非遺」的各項工作都是參考公約中的內容。「非遺」項目都是與我們生活息息相關的事物，因時代轉變，各個項目與我們日常生活的關係降低了，追本溯源，我們可以見到「非遺」與香港歷史、市民生活關係密切，我們於 2017 年 8 月公佈的「香港非物質文化遺產代表作名錄」中的項目至今依然影響着我們的生活，天后誕便是其中之一。我們設立「非遺」中心，希望提供一個平台增加市民接觸「非遺」項目的機會，剛過去的 9 月 30 日便舉辦了「非遺深度賞同樂日」。「非遺」傳承需要與傳承團體和地方團體緊密合作，我們透過不同形式的活動，希望傳承團體能向公眾分享「非遺」項目的文化價值和知

識。未來，走入社區和吸引年輕人參與將會是非物質文化遺產辦事處重要的工作。

政府有什麼活動吸引年輕人參與保護「非遺」？

陳局長：一些人認為「非遺」項目如紮作等，是過時的活動。其實，若深入探究「非遺」項目的內容，會發覺當中別具趣味，絕對不過時，我們不應對它們存在過時等刻板印象。

何總監：我們在設計活動時，強調多元互動，並着意年青人的參與，我們稍後會舉行南音分享會，邀請了幾位熱愛南音的年青人演唱，透過年青人之間的交流，希望能提升他們對這項傳統說唱曲藝的興趣。

「非遺」項目多屬已經式微的傳統，是否代表這些項目已被社會淘汰？

陳副局長：在保護「非遺」項目上，主要靠社會大眾的參與，政府只能擔當協助角色。列入「非遺」的部分項目雖然有式微的情況，這並不代表這些傳統被社會淘汰，只是市民不清楚這些傳統背後的文化內涵，透過尊重及傳承「非遺」項目背後的文化，傳統文化將會重新為市民所重視。

何總監：在建立首份香港非遺清單時，政府委託香港科技大學華南研究中心進行了一次普查和研究，以確認具有歷史、文化價值的「非遺」項目，及後更進行為期四個月的諮詢。在「非遺」清單的基礎上，我們編製首份香港非遺代表作名錄，建議列入名錄的項目亦進行了三個月的公眾諮詢。我們希望所建議的項目得到公眾的認同，確保所保留的「非遺」項目是有其價值並值得傳承下去的。

評定「非遺」的準則是什麼？為什麼茶餐廳不能列入「非遺」？

何總監：茶餐廳是確實存在的實體，《保護非物質文化遺產公約》所界定的「非遺」類別，包括表演藝術、節慶儀式、傳統手工藝等，在此前提下，茶餐廳並不符合「非遺」的類別，但茶餐廳中的一些食物製作技巧，如港式奶茶製作技藝則已被列入「非遺」中。

陳積志：若將茶餐廳視為一種文化，則可以考慮是否列入「非遺」項目之中，因不少的茶餐廳雖然廚房細小，卻能變化出一本冊子厚的餐單；而且，點餐需要極為迅速，其特殊速記的方法也是一種相當特別的文化。

在保護「非遺」的過程中有沒有遇到困難？

陳副局長：以往保育古蹟，因多是有「形」的物件，我們可以安排參觀考察，並讓團員親身感受古蹟的價值，例如帶團考察景賢里，讓團員親身了解古建築的特色及其藝術價值，再補充有關的歷史背景，團員便能掌握該古蹟的保育價值。但「非遺」項目不同，因為沒有實體，雖然如長洲太平清醮的飄色吸引不少人去欣賞，但民眾不能直接透過觀察就可以了解其背後的文化。如果沒有歷史背景、文化底蘊作支持，就難以世代相傳。

何總監：不少本地的「非遺」項目是節慶活動，具有時間性和地域性的限制，故需要顧及宣傳和推廣方面的工作，令更多人能夠認識並參與其中。其次，不少「非遺」項目都面對傳承問題，為配合時代的發展步伐，「非遺」項目的內容或儀式難免需要作出一些改變。如何在保留文化傳統和發展中取得平衡，是相當困難的課題。

後記 能夠讓青年朋友跟政策局官員與保育專家近距離接觸，真誠的對話、拆解謬誤和更全面地認識本土非遺保護工作的重要，是文化力量辦這個活動的最大目的。青年學生有備而來，積極發言和有趣的觀點，都給我們很多啟發。能夠有這樣一代人珍惜傳統，值得欣慰。我們更期望，點滴的推動工作能夠吸引年青人加入傳承行列，讓每一項我們所重視的，都可以繼續世代相傳。

與館長對話

　　2017 年 11 月 9 日上午，文化力量代表在三棟屋博物館走訪非物質文化遺產辦事處何詠思總監及鄒興華館長。2016 年，非物質文化遺產辦事處在三棟屋博物館設立「香港非物質文化遺產中心」，作為其展示和教育中心。

訪問錄

受訪者：何詠思、鄒興華
訪問者：高寶齡、陳財喜、楊喻、黃懿汶
訪問日期：2017 年 11 月 9 日
文稿整理：楊喻

受訪者簡介：
何詠思，非物資文化遺產辦事處總監，以及非物質文化遺產諮詢委員會秘書。
鄒興華，非物資文化遺產辦事處博物館館長。

就推行「非遺」活動在民間的協作上，貴處有何措施或策略？

鄒興華：我們未來的大方向策略是透過與不同團體合作，如區議會或民間團體，藉此將「非遺」帶至社會，讓更多市民認識。2009 年開始 進行本地「非遺」普查的時候，我們發現民眾對「非遺」的認知程度很低，這促使我們進一步思考及摸索本地「非遺」項目與民間互動的模式。直到 2013 年，政府選出四百八十項「草擬非遺清單」項目，並向公眾、十八區區議會及鄉議局等進行諮詢，此舉提升了民眾對「非遺」的認知。

　　在資源分配上，政府於 2014 年中公佈首份香港非遺清單後，便加強對「非遺」的資源分配，並於 2015 年 5 月成立了「非物質文化遺產辦事處」，強化各項保護非遺的措施，我們的策略往往是透過與地方社區和民間團體合作。我們十分樂意提供有關本地「非遺」的資料，這既可加強對外宣傳「非遺」項目，促進在社會上的推廣，同時也可強化公眾對「非遺」的認知，加強對本土「非遺」項目的重視，繼而萌生出「非遺」保護意識。

何詠思：考慮到每項「非遺」本屬於民間，理應與民間力量緊扣相連。「非遺」是人類的共同遺產，而非屬於政府官方團體或某個組織所擁有。所以在推行「非遺」活動時，我們往往會透過與民間團體合作，如向所傳承之單位或相關行業人士以口述歷史進行訪問，蒐集有關該項目的起源與歷史資料，繼而將「非遺」推廣於公眾，從而保留此珍貴的文化，並且得以傳承後人。故此，我們在推行「非遺」活動時，特別重視與民間團體協作進行。

會否考慮全港每區最少均有一項「非遺」項目？

鄒興華：這需要按「非遺」的標準而定，「非遺」項目有地區性及跨區性之分。前者屬於社會實踐、儀式、節慶活動上的習俗，這些「非遺」傳統一般存在地域上限制。後者屬於全港性，十八區市民的認受性亦較高，如傳統表演藝術、傳統紮作或其他手工技藝等。我們樂意鼓勵每個社區都能夠自動發掘屬於該區的「非遺」文化，如在油尖旺區的大角咀廟會，曾舉辦過不同的大型節慶活動，既成了代表性的傳統習俗，亦藉此幫助街坊聯繫社區文化，令歷史悠久的廟會文化得以秉承流傳，同時增加歸屬感，團結地區力量。然而，我們不想亦不應勉強在每區只搜索出一項「特色」文化列為代表性「非遺」項目，這樣做，表面上雖能為每區賦予一定的代表性，但實際上卻忽署了區內其他豐富多彩的非遺傳統，破壞了「非遺」項目所具有的傳統性、歷史性、獨特性，以及代表性等標準。「非遺」項目為人類的寶貴財富，值得將其傳承下一代，所以我們不希望強求每區最少有一項「非遺」項目，反而會更多地考慮其文化價值是否符合「非遺」的標準。值得留意的是，地區性的社會實踐、儀式、節慶等活動。

代代相傳：
把香港非物質文化遺產的內容成為知識

2014 年 6 月香港特別行政區政府公佈香港首份「非物質文化遺產清單」，清單中的四百八十項「非遺」項目均蘊含着香港的文化精粹。這張清單，喚起了很多民間機構展開研究及推動香港「非遺」的討論。本人從事教研工作，因感不少文化遺產，隨時代推演，往往失傳，故近年多注意怎樣把文化知識在民間傳播，曾編著及出版《盂蘭勝會教材》。適逢康樂及文化事務署於 2017 年 8 月 14 日公佈首份「香港非物質文化遺產代表作名錄」，內容涵蓋二十個項目，政府希望保護一些具有高文化價值和急需保存的香港非遺項目，政府希望藉此肯定一些「非遺」項目的價值，並傳播後世，從而保存文化價值。本人榮幸獲文化力量邀約，充任義務顧問，與團隊成員一起進行訪問及研究，從中審視未來推行非遺政策時有待優化的地方。

研究過程中，曾做過一個調查，我們發現民眾對非物質文化遺產的內容了解不多，僅有 7.8% 人了解客家山歌並不是非物質文化遺產代表作名錄中的項目，46.8% 的受訪者則指不知道或無意見，這反映了大部分香港民眾對非遺的了解，多流於基礎的認識。又如年輕人從社交媒體上得悉「非遺」項目的僅有 19.4%，反映「非遺」課題在年輕人的社交媒體網絡上，並沒有獲得較多的關注及討論。這不單是政府的責任，同時也是民間的文化團體的責任。我們認為政府和民間團體要通力合作，使「非遺」能受到全港的關注。

由於推動及傳播「非遺」知識甚為重要，文化力量於 2017 年 10 月 17 日邀請民政事務局副局長陳積志先生和何詠思總監，與本研究計劃的團隊成員和多間高等院校及中學的學生進行交流。活動氣氛相當熱烈，不少中學生也對「非遺」課題甚有興趣，但缺少與執行「非遺」計劃的政府官員及官方研究團隊直接對話的機會。是次交流，介紹了「非遺」的內容、

政府推動「非遺」工作的策略和活動、當中的困難及解決方法等，從中感受到不少師生對於中華文化的肯定和熱忱，各位參與者多認同「非遺」項目為香港文化的根。這是參加是次研究計劃成員所欣喜的，可見政府提出的非遺傳承活動是受到年輕學生的支持，卻因政府的宣傳不足，導致民眾對非遺的認識欠全面，未能把非遺知識普及民間，故部分中學師生也希望把非遺知識帶回學校，將非遺知識結合通識與中國歷史科課程教授。

在傳播非遺知識上，民間團體也能夠扮演重要的角色，例如舉辦宣傳活動，配合政府推出非物質文化遺產代表作名錄，既可以加強政府舉辦相關活動的成效，也能藉此使民眾參與活動；又如舉辦培訓活動，加強民間對非遺的認識，使社區人士明白傳承非遺文化的重要，同時增加大眾對中華文化的了解和認同。此外，民間團體可以作為政府與市民溝通的橋樑，使民眾意見可以傳達給政府，同時亦將政府的政策與回應解釋給市民大眾明白，合力為傳承香港非遺文化作出貢獻。

還有，為使年輕一代及民間多注意保育非遺文化的意義，可以考慮編著「香港非遺文化教材套」，配合中學的中國歷史科與通識科，供學校採用。中國歷史科可以多教導「非遺」內有濃厚中國傳統文化知識，如「盂蘭文化」、「道教科儀」等；「通識科」可以向學生教導「全球化下的中國傳統文化」、「傳統價值與現代香港」等課題，與學生討論盂蘭文化與西方鬼節在文化傳播上的成效等議題，盡力把「非遺」知識傳往中、小學。政府及民間團體也可以與中小學合辦關於「非遺」課題的講座和工作坊，務求以多元化及師生互動的角度，推廣「非遺」。我們深信若能夠使市民大眾了解非遺文化的價值，日後即使沒有政府的資助，亦能持續保育社區內的非遺文化，由保育社區做起，擴展至關心社區，最終建立一個關愛社區。

本書為是次研究計劃的成果之一，是文化力量掀起為民間文化推動「非遺」知識的序幕，我們盼望政府能夠與民間團體加強合作，盡力善用社會各種資源，合力傳承香港的「非遺」文化。

區志堅博士

香港樹仁大學歷史系助理教授

可持續發展的
非物質文化遺產工作

2015 年，時任特首梁振英先生在施政報告中宣佈，政府會加強保護「非遺」的措施，深化在確認、立檔、研究、保存、推廣和傳承等方面的工作。同年 5 月，康文署將隸屬於香港文化博物館的非物質文化遺產專組升格為「非物質文化遺產辦事處」（非遺辦事處）以落實在不同方面保護非遺的工作。非遺辦事處更利用位於荃灣的三棟屋博物館，於 2016 年 6 月設立了「香港非物質文化遺產中心」（非遺中心），作為展示和教育中心，通過多元的教育及推廣活動，包括展覽、講座、研討會、傳承人示範、工作坊、同樂日等，提升公眾對非遺的認知和重視。

2017 年，現任行政長官林鄭月娥女士在其首份施政報告中，提及在 8 月公佈的首份「香港非物質文化遺產代表作名錄」（代表作名錄），涵蓋共二十個具有高度文化價值和急需保存的項目。她指政府將與有關團體和傳承人緊密聯繫和合作，通過舉辦專題展覽和不同形式的活動，提升公眾對代表作名錄項目的認識，並會繼續鼓勵社會各界參與和支持保護非物質文化遺產的工作。就於行政長官對非物質文化遺產的提法，我們表示支持。

早於 1989 年 11 月聯合國教科文組織第二十五次大會上提出《關於保護傳統文化與民俗的建議案》（這可以視為《保護非物質文化遺產公約》的前身），其中明確指出，「民俗（Folklore）」是構成人類文化遺產的一部分，是將不同人群和社會團體凝聚在一起，並標明其文化身份的有力手段。而於 2003 年通過的《保護非物質文化遺產公約》，對非物質文化遺產的定義也包含了為「社區和群體提供認同感和持續感的描述」。

在現今全球化下，民間傳統文化、民俗、文物等非物質文化遺產正是民族保留自我認同、文化認同的一個途徑。也是過去與現在的人文連結紐帶，具有很高的文化價值。非物質文化遺產本身是一個民族的遺產，也是集體記憶，問題是我們如何利用這些遺產。

說到利用非遺，文化遺產的經濟價值是比較受到關注的，尤其是體現

在文化旅遊上，遊客在「非遺」地遊覽觀光過程中會進行消費，而這些經濟價值可以分為直接經濟價值與間接經濟價值。前者包括景點門票收入、文物紀念品銷售等，後者指文化遺產地所帶來的綜合經濟效益，包括交通、住宿餐飲、商業貿易等，也可以增加當地的就業機會。

除了文化社會和經濟價值之外，非物質文化遺產還有政治意義。中國政府在 2005 年《國務院關於加強文化遺產保護的通知》中指出，保護文化遺產，保持民族文化的傳承是聯絡民族情感的紐帶，增進民族團結和維護國家統一及社會穩定的重要基礎，這表明了文化遺產的政治意義方面的重要性。

香港旅遊發展局亦透過「非遺」項目吸引遊客多留在香港遊覽觀光。至今最多遊客參與的是長洲太平清醮的活動，該活動最吸引的環節則是「搶包山」，每年都吸引大量遊客到訪長洲。至於大坑的舞火龍也能吸引大量參加者，包括年輕人。

非物質文化遺產的推廣、保護及傳承等工作都是需要資源的，我們建議政府撥款成立基金來進行。現時政府的「非遺」辦事處人手不多，也可以適當地增加人手及增加其可動用的資源來做相關的工作。內地從 2006 年開始，將每年六月的第二個星期六定為「文化遺產日」，特區政府也可每年舉辦非遺文化節，以多元化形式來推廣及發展本地的非遺文化。

我們必須珍惜民間非物質文化的寶庫，許多「非遺」文化都是民眾自發性參與而自然形成的，它們既從民眾來，也應該要落到民眾處。政府必須引入更多的民眾參與，務必將「非遺」的保育工作推向社會，推動項目的可持續發展。

陳財喜博士 , MH, JP
非物質文化遺產諮詢委員會委員

特別鳴謝：
許曉暉太平紳士

　　文化力量的成立，許曉暉是其中一位要感謝的朋友。其時，許出任民政事務局副局長，當我們說要成立文化力量之時，許曉暉給予很大支持。我們提出的八大倡議，她認真地審視、向政府反映、也想方設法落實；我們舉辦「文化・社區・機遇」圓桌會議，她提供意見，也擔任講者；我們舉辦兩地交流活動，她協助張羅聯繫；我們出版第一本《發現香港》，在最忙碌的日子，她利用午膳時間為新書題辭；我們跟社會各界交流，都聽到大家為她用心推動文化工作、熱心拉動不同群體合作而感動；我們要出版《非物質文化遺產在香港》，她鼓勵，也期待。

　　沒趕及她在世時出版，是遺憾。文化力量只是許曉暉支持過的其中一個團體，她做過的好事，幫助過的人，是海量。許曉暉，謝謝妳在世成就的一切，謝謝妳給過我們那些美好的回憶和策勵。

謝辭

　　根據聯合國教育、科學及文化組織通過的《保護非物質文化遺產公約》，本會出版《發現香港 —— 非物質文化遺產在香港》，對二十個非遺代表作項目作簡介，以收拋磚引玉之效。誠蒙 民政事務局陳積志副局長、非物質文化遺產諮詢委員會鄭培凱主席、非物質文化遺產辦事處何詠思總監、非物質文化遺產辦事處館長鄒興華、香港潮屬社團會董胡炎松先生、大坑舞火龍傳承人陳德輝先生、斲琴人蔡昌壽師傅、西貢區議會成漢強副主席、離島區議會翁志明議員、西貢區議會李家良議員、香港中文大學黎志添教授、香港科技大學廖迪生副教授、香港八和會館龍貫天副主席、香港道教聯合會梁德華主席和陳國鏗總幹事、金百加集團黃家和主席、屏山鄧氏第二十五代鄧昆池先生、戲棚搭建陳煜光師傅、糧船灣天后宮值理會郭有進總理和張溢良常務副總理、資深長衫師傅殷家萬先生、匹茲堡大學音樂系榮休教授榮鴻曾教授、薄扶林村蕭昆崙先生、沙井鎮陳氏廣生堂陳九道壇第七代傳人陳鈞道長、春和堂第三代傳承人遺孀李李玉梅女士、紮作技藝黃老師。更再次感謝區志堅博士及其學生鼎力支持，惠賜鴻文、進行訪問、提供圖片、文稿校對、協助出版。高誼隆情、銘感至深，謹此致謝！

學校：香港中文大學專業進修學院、九龍工業學校、香港道教聯合
　　　會圓玄學院第一中學、路德會呂明才中學、天主教伍華中
　　　學、青年會書院、孔聖堂中學、裘錦秋中學（葵涌）
機構：香港特別行政區政府民政事務局、康樂及文化事務署（非
　　　物質文化遺產辦事處）、香港道教聯合會、香港八和會館、
　　　蔡昌壽斲琴學會、大坑坊眾福利會、坑口鄉事委員會、蓬瀛
　　　仙館、嗇色園（黃大仙祠）、香港長洲太平清醮值理會、糧船
　　　灣天后宮值理會、
老師：林國成、凌俊賢、朱梓軒、徐振邦、黃少藍、姜嘉榮、
　　　彭家強、莫玉玲、馬化彤
同學：林浩琛、張宗澤、楊家樂、施瑞偉、朱銘謙、關浩維、
　　　周集源、陳健宇、麥浚樂、楊　喻、馬鈺詞、黎鈞豪、
　　　黃家裕、葉翠婷、鄭玲玲、陳曉童、林嘉曜、吳佰乘

　　本刊付印倉促，幸賴《發現香港 ── 非物質文化遺產在香港》編輯
委員會成員通力合作，令本刊得以如期出版；惟仍不免有所謬誤，再加
以篇幅所限、很多珍貴的圖片和資料未能一一盡錄，殊感遺憾，敬希諸君
指正！

《發現香港 ──非物質文化遺產在香港》編輯委員會啓

《發現香港 ── 非物質文化遺產在香港》編輯委員會：
高寶齡、區志堅、陳財喜、伍婉婷、司徒毅敏